すべての女性にはレズ風俗が必要なのかもしれない。

はじめに

はじめまして。

ずっと悩んでいましたが、思い切ってメールを差し上げます。

3年ほど前にそちらのお店を知り、日課のようにキャストさんのブログや、ＨＰ《ホームページ》のレビューを眺めています。

一度は利用したい、すてきなキャストさんに会ってみたい！

思いが募るばかりです……が、心配なのです。

私のような者が利用するとおかしいのではないか。

キャストさんに迷惑がかかるのではないか。

私はかなりぽっちゃり体型で、お世辞にも美人とはいえません。

そして、御坊さんよりちょっと、いえ、かなり（？）年上です。

こんな私でも、レズっ娘クラブさんを利用していいのでしょうか？

Ｔ・Ｍ

はじめに

この手のお問い合わせをいただくと、僕はうれしくなります。

ウチのお店のドアをノックしてくれた！　そう思うからです。

世間には、まだウチを知らないどころか、こういうサービスがあること自体、想像もしたことがない女性のほうが圧倒的に多いのに、この人は3年ものあいだHPを見てくれたというし、ついにはメールまで送ってくれたのです。


どうも、御坊《おぼう》です。

大阪生まれの大阪育ち、つまり生粋の関西人。

僕が大阪ミナミに女性専用レズビアン風俗店「レズっ娘クラブ」を構えたのが、２００7年のこと。

なんともド直球で、かつちょっぴりダサい店名ですが、10年もやっているので愛着があります。

ここの代表をやっている僕は毎朝、起きてすぐにHPに届いた予約や問い合わせに目を通します。

冒頭で紹介したのは、問い合わせのなかで最も多いパターンです。

僕たちに向けてノックはしてくれた。

でもまだ、ドアノブに手がかからない。

どうしても躊躇してしまう。

だったらいっそ利用するのをあきらめようか。

ドアの向こうから「どうぞ」という声が聞こえてくるのに、その手はノックしたときのまま軽く握られている。

ここで引き返したところで、いまの生活になんの支障もない。これまでと同じ毎日を送るだけ。

でも……。

そんな思いが行間からびしびし伝わってきます。

ためらう気持ちは、よくわかります。

女性が風俗店を利用すること自体、ここ日本には根づいていません（ほかの国にはあるのかどうか僕にもよくわかりませんが）。

一方で男性が利用する風俗店は全国に存在し、サービス内容も多岐にわたっています。行かない人は行かないけど、一度は利用したことがあるという人は少なくなく、僕の周りにもいっぱいいます。すごくハマッてしまう人もいます。

〝女性向け風俗〟という言葉も少しずつ耳にするようにはなりましたが、「怖い」という印象を持つ女性が多いでしょう。

ましてウチは女性が女性にサービスする風俗店です。

僕らはこれを〝レズ風俗〟と呼んでいますが、みなさんにとっては余計に実態がわからないでしょう。

「あやしい」と身構えるのも自然な反応だと思います。

どんなところなんだろう？

どんな女性が何をしてくれるんだろう？

お値段は高いのかな？

利用していることが周りにバレちゃうことってあるのかな？

そしたら死ぬほど恥ずかしい思いをしそう。

……知らないからこそ、不安だけが胸をよぎります。

さらに、こんな不安も上乗せされるでしょう。

私、オバサンだから。

太めだから。

美人じゃないし。

そもそも女性どころか男性とも一度も経験がないんだけど。

レズ風俗という未知のドアを前にしたとき、多くの人はそれを「開けない」ための理由を考えます。

開けてしまったら、自分のなかの何かが変わるのではないか。

それはすてきな体験かもしれない。

でも逆の可能性も、ありうる……。

僕は、それだけウチへの期待が大きいのだと解釈しています。

人はまるきり期待していないことに対しては、気持ちを動かされません。

あっさり一歩を踏み出せるし、あっさりあきらめることもできます。

そうではなくウチのお店に期待しドアをノックしてくれた女性たちに、僕はこういいたいのです。

「行けない理由や行かない理由ではなく、お店に行く理由や利用する理由をひとつでいいから見つけてください。

ノックをしたからには、行きたいという気持ちが少しはあるはずです。

僕たちは年齢やルックスでお客様を選ぶようなことはしません。

18歳以上の、すべての女性がご利用可能ですし、実際いろんなタイプの女性にご利用いただいています。

多くの人が、『レズ風俗を利用してよかった！』『人生に張り合いが出た』『自分のことを好きになれた』とお話されています。

興味がある時点で、あなたの人生にはレズ風俗が必要なのです」


あらためて思い返すと開店から10年間、たくさんの出会いがありました。

お客様とキャスト、キャストと僕、僕とお客様。

紆余曲折がありながらも、レズっ娘クラブは女性たちに必要とされてきたからこそつづいてきたのだと思います。

本書には僕がお店の代表として10年間、見聞きしてきたことや、ここで生まれたドラマが詰まっています。

その間、レズビアン女性を取り巻く世界や、女性たちの性に対する意識は少しずつ、だけど確実に変わってきました
ようこそ、レズっ娘クラブへ。

どうぞ最後までおつき合いください。

企画・編集　三浦ゆえ
イラスト　永田カビ
装丁　秋吉あきら
校正　鷗来堂
DTP　NOAH

第1章

女性たちがレズ風俗に求めるもの

レズ風俗店＝怖いと思っている人へ

レズっ娘クラブは、性風俗店です。

より詳しくいうとデリバリーヘルス、デリヘルといわれるもので、在籍女性＝キャストがお客様と一緒にホテルに入り、性サービスをする業態の性風俗店です。

いまどきは〝女性向け性風俗店〟がメディアなどでもたびたび採り上げられていて、その多くは同じくデリヘルですが、キャストは男性です。

増えてきたとはいえ、「私、女性向け風俗に行ったよ！」と友だち同士で会話したことがある女性はとても少ないと思います。

表立って語られることが、あまりないのです。

けれど利用している女性は確実にいますし、調査結果などがあるわけではないのであくまで僕の感触ですが、その数は右肩上がりで増えています。

いまはまだ、それが女性たちのあいだで共有されないだけ。

だからこそ女性が〝性風俗店〟と聞いて思い浮かべるイメージは、てんでバラバラなのでしょう。

エッチなことをするところ。たくさんお金を払わなきゃ行けないところ。いかがわしいイメージ、なんとなく怖いイメージ、バックにヤ◯ザがついているんじゃないかという先入観……。

これが〝男性向け風俗〟だとしたら、これらのイメージはほぼすべて正解です。

日本には男性向けの性風俗店が1万店前後あるといわれていますから、きっとそれぞれのイメージに当てはまる店舗があります。

では、レズ風俗店のイメージは？

そう訊かれると、たいていの人は困ります。

2018年現在、日本全国で数えるほどしか存在しないので、イメージの持ちようもないのです。

だったらウチのお店が、レズ風俗店のイメージを作ればいい。

僕はそんな気持ちでこのお店を経営しています。

いかがわしくもないし、怖くもない。ヤク◯はまったく関係ありません。

風営法を遵守して経営しているので、女性がウチを利用されたからといって何か罪に問われることもありません。

完全に合法的な行為です。

どちらかというと「エステ」に近いかもしれません。

というのも僕らが提供しているのは、心も身体も気持ちよくなってもらうサービスだからです。

〝気持ちいい〟が性的快感に由来するものなのか、その他の心地よさに由来するものなのかの違いはありますが、リフレッシュして翌日からまた仕事に生活にがんばろうと思えた、女性としての自分を思い出せた、好きな人ができて世界が明るく見えるようになった……。

利用されたお客様から、そんな声が届いています。

まだレズ風俗を知らない女性も、こんなふうに人生をちょっとよい方向に変えるきっかけを見つけてもらえる可能性はとても高い。

だから僕は、すべての女性にレズ風俗が必要なんじゃないかなぁと思うのです。

と、いまなら胸を張っていえますが、勢い込んでお店を起ち上げた2007年以降の数年は、お客様の数がものすごく少なくて、「ああ、自分はなんて甘い夢を見ていたんだ」と頭を抱えこんでいました。

そんななかでも、お客様にとってもキャストにとっても気持ちのいいお店にするということにはこだわりつづけてきました。

ではここからは、レズ風俗店とはどんなところか、どのようにして利用すればいいのかを具体的にお話ししましょう。

何歳でも何キロでも、大歓迎します

まずは、「どんな女性がお店を利用しているのか」からお話しさせてください。

なぜかというと、「レズ風俗店に行こうとしている私はヘンなのではないか」と思い込み、利用を躊躇される方が少なくないからです。

先述のとおり、女性向け風俗、しかも女性が女性にサービスするものとなるとまだまだ数が少ないのが現状です。

ネットや雑誌で、女性向け風俗について書かれた記事を見ることがあるものの、そのほとんどが男性キャストが女性客にサービスするお店です。

それですらまだまだ物めずらしいから注目されるのでしょうが、なかには「こんなにお盛んな女性たちがいる」という内容の記事もあります。

男性がすると「普通」でしかないことを女性がしたら大騒ぎ！　ってなんだかヘンだと僕は思います。

でも実際に、女性からウチに「風俗店を利用するだなんて、エロい女だって思われませんか?」というお問い合わせもあるのです。

エロい、大いに結構! お盛ん、すてきなことじゃないですか!

いまはたしかに少数派かもしれませんが、女性向け風俗店でもレズ風俗店でも、女性が好きなお店を「普通に」利用する日はきっと来るし、来てほしい。

僕らはまったくヘンだとは思わないし、大いに支持します。

みんな違ってみんないい――僕の好きな言葉です。


「オバサンだと嫌がられるんじゃないかしら」

「恥ずかしくて年齢はいえないのよ」

僕はこれまで、何度こんなセリフを聞いてきたでしょう。

そのたびに、不思議な現象だと思ってきました。

男性が風俗店を利用するとき、年齢を気にするのはまれな例だからです。

「年をとった女性は嫌われる」「いい年になってまで気持ちいいことをしたいだなんて恥ずかしい」という思い込みがいかに女性の性を制限しているのか。

そんな愚にもつかない〝常識〟など、レズ風俗店で捨ててください!

年齢によって利用できないとしたら、それは「18歳未満」のみです。

あとは、何歳でもウェルカム！　上限はありません。

僕自身がお客様の実態を知りたいというのもあり、HP上で頻繁に「お客様アンケート」を行っていますが、そのなかで年齢については次のような回答を得ています。

満18〜20歳　0%
21〜25歳　約5%
26〜30歳　約37%
31〜35歳　約26%
36〜40歳　約5%
41〜49歳　約16%
50歳〜　約10%

性を愉しみたいと思うのも、行動を起こして愉しみ尽くすのも、どちらも人としてしごく健全なことです。

これまでの最年長記録は、70代のお客様でした。

その現役感、男性である僕から見てもカッコよかったです。

これからの超高齢化社会、どうせ長生きするなら女性も性的なことを積極的に愉しんだほうがきっと明るい老後を送れますよね。

また、年齢と同じぐらい女性が気にするのが「体重」です。

具体的に何キロかを口にされる方はいませんが、「ちょっとぽっちゃりで」とか「スリムとはいえない体型で」とか、みなさんおずおずと申告されます。

僕がいいたいのは、「それが何か？」です。

気持ちいいことをするのに、なんで体重が問われなければいけないのでしょう。

これも女性が〝常識〟に縛られて性を愉しめなくなっているという、典型例のひとつだと思います。

そんなもの、取っ払ってしまいたい！

ウチはお客様の体型、体重は一切問いません。

ただ聞くところによると、男性キャストが女性にサービスを提供する性風俗店のなかには、年齢制限、体重制限を設けているところがあるそうです。

ほかのお店の方針に口を出すのはおかしいかもしれませんが、僕としてはこれは許しがたいことです。

勇気を出して性風俗店を利用しようとした女性が傷つくことは、あってはなりません。

本来なら、すべてのお店が徹底してほしいことです。

ノンケ女性がレズ風俗店に来る理由

〝レズ風俗〟と謳《うた》ってはいますが、ウチでは利用される女性のセクシャリティにも制限を設けていません。


レズ風俗は、レズビアンのお客様専用風俗ではないということです。

もちろん、「私はレズビアン（ビアン）」と自認されているお客様は少なくなく、異性同性ともに恋愛、性の対象となるバイセクシャル（バイ）の方もいます。

お客様アンケートでセクシャリティについて尋ね、次のような結果を得ました。

レズビアン　約16％
バイセクシャル　約79％
わからない　約1％
無回答　約4％

すべてのお客様がアンケートに回答してくださったわけではないですし、2回以上ご利用いただいている方が中心なので、必ずしもこれがウチのお店を利用されている女性の全体像とはいえません。

でも、ビアンの女性、バイの女性が大半を占めるというのは、多くの方の予想どおりだと思います。

僕も、お店を起ち上げた当初はそうなるだろうと考えていました。

一方で、アンケートに表れていませんが、好きになるのもセックスするのも異性、つまりは男性であるという異性愛者、ヘテロセクシャルの女性にも少なからずご利用いただいています。

ビアン&バイの女性たちのあいだで、「ストレート」「ノンケ」といわれる存在です。

なかには男性の恋人、もしくは夫がいながら当店を利用される方もいます。

これは僕にとって、想定外のことでした。

でもレズ風俗店を10年続けているうちに、なんとなくわかってきました。

女性にとって〝性の相手が女性〟というのは、それほど違和感がないものなのだろう、ということが。

それはキャストも同様で、ウチで働くようになって意外に思ったことを尋ねると「ビアンやバイのお客様だけだと思っていたけど、ノンケ女性のお客様も多かったこと」と返ってきます。

聞くところによると、次のようなパターンが多いようです。

夫がとてもとても淡白で、長らくセックスレスである。

でも自分には欲求がある。

不倫はしたくないし、男性がサービスする女性向けの性風俗も考えてはみたけれど、知らない男性とふたりきりになること自体がこわい。

それに、やっぱり夫を裏切りたくはない。

でも、相手が女性なら。

そう思って検索して、レズ風俗という選択肢があることを知った……。

ノンケ女性もふだんの性生活や理想とするセックスライフなど、それぞれの必然性に背中を押されて、ウチのHPまでたどり着かれるようです。

なんと、そんな想いを夫に打ち明けたうえで予約を入れるお客様もいるのです。

そして当日、夫に快く送り出されながら足取り軽くキャストとの待ち合わせ場所に向かうのだとか。

パートナーも、相手が同性ならそれは浮気にカウントしないようで、それは同じ男性としてわかるようなわからないような（笑）。

まあ男性も、みんな違ってみんないいんです。


自分のセクシャリティが「わからない」という方もいます。

わからなくても性的に満たされたい気持ちは当然あるでしょう。

そんな方がレズ風俗店を利用されるのは、なんらおかしいことではありません。

むしろ、とても自然だと思います。

セクシャリティに関する何かを掴みたいという思いもあるようで、それを動機として利用されるケースもあります。

セクシャリティは絶対に決まっていないとダメなものではないですし、わからないまま生きていくのもひとつの選択肢でしょう。

でも、当店の利用をきっかけに「私はビアンなんだ」「バイなのかも」と自認できて、それによって歩むべき道が見えてきたという声も寄せられています。

セクシャリティとはその人のアイデンティティに関わるものです。

それを掴むためには肌をふれ合わせ、体を重ねることが必要な場合もあるのだと、実感をもって知ることができました。

レズ風俗店の愉しみ方、最初の一歩

ここからは具体的な利用の仕方をお話しします。

ウチのお店は基本的に予約制なので、事前の予約が必要です。

希望日の3〜1週間前には予約を完了しているのが理想です。

キャストの出勤予定はHP上で公開されていますが、キャスト個人のブログに記載されていることもあります。

それらを確認したうえで、HP上の専用フォームにお名前や電話番号など必要事項を記入し、送信します。

お名前といっても本名で利用する必要はありません。

ただお互いに名前を呼び合わないままというのもさみしいので、キャストに呼んでほしいニックネームなどを書いてください。

何度かご利用いただいているお客様にはたいてい、ひいきのキャストがいます。

一方で「先日の彼女もよかったけど、今度はタイプの違うこっちの女性にしようかな」といろいろなキャストに会って楽しむ方もいます。

けれど初めて利用される方は、そもそもどんな基準で、どのキャストにお願いしていいかわかりません。

どこの性風俗店でも、ＨＰにはキャストの写真と簡単なプロフィールが掲載されているものです。

写真といっても、ウチではキャストの顔写真は載せていません。

「顔を見て選びたい！」という気持ちもよくわかりますが、顔を出さないのには理由があるのです。それについてはあとで詳しくお話ししましょう。

代わりに大阪の名所・道頓堀を背景に撮影した、あごから下の全身写真を見て想像をめぐらしてください。

全体的な雰囲気を感じてもらうには十分だと思います。

写真には身長や3サイズ、性格、趣味といった簡単な情報や〝キャストからのメッセージ〟が添えられているので、それをもとに「このコ！」「会ってみたい！」と思うキャストを見つけてください。

ところが、実際にはこれがなかなかむずかしい。

なんといっても、ウチを利用されるお客様は、たいていが〝性風俗店の利用〟自体が初めてだからです。慎重になるのも当然です。

キャストのことをもっと詳しく知ったうえで決めたいのです。

それにはまず、〝直接問い合わせる〟という方法があります。

見た目は、ボーイッシュ系かフェム系か。

プレイスタイルはタチかネコ、どちらがいいのか。

何歳ぐらいのキャストを希望しているのか。

リードしてほしいのか、甘えてほしいのか……。

希望を教えてもらえれば、在籍しているキャストのなかからマッチする女性を僕やスタッフが推薦します。

次に〝キャストブログをチェックする〟という方法もあります。

キャストはそれぞれにブログを開設していて、日々お客様へのメッセージやプライベートの出来事について投稿しています。

過去の投稿をさかのぼって読めば、そのキャストの人となりがなんとなく見えてくるでしょう。

ひとりひとりの個性がよく出ているので、必ず参考になると思います。

もうひとつ参考にしてほしいのが〝レビュー〟です。

HPの、各キャストの紹介ページには〝キャストレビュー〟があり、実際にそのキャストからサービスを受けたお客様からのナマの声が掲載されています。
たとえば、次のような感じの体験談です。

「私は自分でもいやになるほどシャイな人間なので、自分の気持ちをなかなかいえないのですが、○○さんはそれをなぜか読み取ってくれて『手、つなごっか』『もっと甘えてもいいんだよ』のようにやさしい言葉をかけてくれます。自分でも意識していない本音に気づいてくれることもあり、一緒にいると少しずつ心がほぐれていき、『本当の気持ちを伝えていいんだ』と思えるようになりました。デート中だけでなく、ベッドでもそうなので思わずうれしくて泣いてしまいました」

「□□さんの包容力、ほんとすごいんです。私の心ごと抱きしめてもらっている気分になります。なのに、一緒に行ったゲームセンターではクレーンゲームにびっくりするぐらい夢中になる無邪気な一面が見れて、むちゃくちゃほほえましかった！　完全にギャップ萌えですよね」

レビューはもともと、「ほかのお客様、特に新規のお客様が予約するときの参考となるような内容を書いてください」とお願いしているものです。

キャストの人柄だけでなく、デートの内容からベッドの上の様子、甘酸っぱい会話の内容までが垣間見える書き込みも多く、読んでいるこっちが顔を赤くするときもあります。

みなさん想いを込めて書いてくださるので、読み応えがありますよ！

初めて利用されたときのことをふり返ってもらうと、「このレビューが役に立った」というお客様は少なくありません。

なかには掲載されている2年分のレビューすべてに目をとおして、そのキャストに決めたという方もいます。

こうした情報をもとにキャストを決めたら、次に「デートコース」と「ビアンコース」のどちらかを選びます。

ひと言で説明するなら前者はデートを愉しむコースで、後者はホテルでエッチなプレイを愉しむコース。

両者を組み合わせて利用することもできます。

ほかにも「お泊りコース」がありますが、これは初めての人はあまり利用されません。詳しくはあとで説明します。

希望日時など必要事項を記入し専用フォームから送信をしていただくと、当店から確認のメールが届き、それをもって予約完了となります。

女性同士のデートはトキメキ満載

デートコースもビアンコースも、〝待ち合わせ〟からスタートします。

お互いに連絡先を知らない同士が待ち合わせをするというのは、携帯電話が登場する前の時代のようで、若い人には新鮮で、一定年齢以上の人には懐かしさを感じてもらえそうです。独特のドキドキ感がありますよね！

大阪以外、遠方からのお客様も多いので、待ち合わせ場所は大阪ミナミ周辺に土地勘がなくてもたどり着きやすいよう、百貨店や繁華街のコンビニエンスストアの前といったわかりやすい場所を指定しています。

それ以外にもお客様ご希望の場所があれば、キャストはそこまでお迎えにいきますし、カフェなどで落ち合ったりホテルのお部屋に直接うかがったりするのもアリです。

女性同士の待ち合わせは、傍目《はため》には友だち同士が約束をしていたようにしか見えないでしょう。

けれど実際は初対面同士。キャストはお客様の顔を知らないし、HPに顔写真を載せていないのでお客様もキャストの顔を知りません。

それでどうやってさりげなく出会うのかというと、事前にスタッフまで〝当日の服装〟を伝えておくのです。方法は写真でも詳細な文章でも、どちらでも可です。コーディネートや特徴的な持ち物を目印にして、キャストは雑踏のなかでお客様を見つけ、声をかけます。

デートコースの場合は、そこからがサービススタートです。

デートコースはその名のとおり、食事をしたり街を歩いたり、映画にいったりユニバーサル・スタジオ・ジャパンに行ったり……お客様がしたいことなら何でもいいというコースです。

2時間からご利用いただけて、代金は最初のお店に入った時点でお客様からキャストに支払います。

「こんなデートがしてみたい」という理想を思い描いたことがある女性は、きっと少なくないでしょう。

でもそれはパートナーさえいれば実現できるものではなく、照れがあって自分からは提案しにくかったり、パートナーがロマンチックな雰囲気をニガテとしていたりといったいろんな理由で、実はハードルが高いものです。

それを存分にかなえてくれるのがこのコース。

かなり詳細かつ綿密なデートプランを立ててこられるお客様もいます。

2時間のコースでは大阪ミナミ界隈に限られますが、長時間なら遠出もできますし、その間ゆっくり会話を楽しめます。

王道デートを貫くお客様もいれば、陶芸体験に行くとか脱出ゲームに参加するとか、ふたりきりで過ごすわけではないけれど一緒に趣味を楽しんだりレジャーに繰り出したりといった過ごし方が好きなお客様もいます。

初めて利用される方、特に遠方からわざわざ足を運んでくださるお客様には、まずは道頓堀や心斎橋といった「THE 大阪」なスポットをめぐるコースが人気ですね。タコ焼きやお好み焼きをつついたり！

コースはお客様がすべて考えてもいいですが、「キャストにおまかせ」もできます。

そのためにキャストは日ごろから話題のスポットをチェックするなど、いろんなところにアンテナを張っています。

デート中に発生する食事や移動の費用はお客様の支払いになるので、この場合はだいたいの予算感などをあらかじめキャストに伝えていただくとスムーズです。

女性同士のデート、お出かけといっても、ふだん女友だちと遊びにいくのと変わらないのでは……と思われるかもしれませんが、そこにドキドキやトキメキを盛り込むのがキャストの力量です。

路上でキスなどは目立ちすぎるのでNGですが、そっと手に触れたり、人目を盗んで見つめ合ったり、甘い言葉をささやき合ったりというのは、それだけで胸がドキドキするものです。

お姫様気分でエスコートしてもらうのも、非日常感を味わえます。

デートコースは、お店のオープン当初から設けています。

男性向け風俗ではまずお目にかからないサービスですが、レズ風俗では必須だと思ってそうしました。

デートで親密度を高めてからのほうがベッドでの時間がより愉しくなるということは、女性のほうがよく知っているのかもしれません。

ビアンコースとセットにするお客様が最も多いのですが、これは不定期に行っているお客様アンケートにも表れています。

【よく利用するコース】
ビアンコースのみ　約37％
デートコースのみ　約5％
ビアンコースとデートコースの組み合わせ　約53％
お泊り／お昼寝コース　約5％

初めて利用するときは勝手もキャストとの相性もわからないので、まずはデートコースで様子を見て、慣れてきたら、もしくは「このキャストにぜひお願いしたい！」と思ったらビアンコースを追加するという考え方もあります。

「一緒にお風呂」がレズプレイの鍵

ビアンコースはレズ〝ビアン〟プレイを愉しむためのコースです。

男性向け風俗店では自宅へのデリバリーも一般的ですが、ウチのお店ではホテルへの派遣に限定しています。

ラブホテルでもシティホテルでも、どちらでもOKです。

大阪ミナミ界隈には、ユニークなラブホテルが点在していて、女性同士での使用も歓迎してくれています。

女子会プランを設定しているホテルもいくつかあり、女性カップルでも違和感なく入室できます。

どこがいいかわからなければ、事前に遠慮なく聞いてください。

ホテル代はコース料金とは別でお客様の負担になりますので、このときもだいたいの予算を伝えていただければ、キャストはその範囲内で対応します。

「ホテルについてはわかったけど、女性同士って何をどうすればいいの⁉」

という戸惑いも、ごもっとも。

先述したとおり、お客様のなかで「私はレズビアンです！」とズバリいい切れる女性は決して多くありません。

女性と経験がある人もいるけど、ない人のほうが多くて、たいていの人は未知のドアが開かれるかもしれないことに対して期待半分、怖さも半分。

そしてガチガチに緊張して、このコースに臨まれます。

ホテルにチェックインしたら、まず利用料金を支払ってください。

キャストはそれを受け取ってから、スタッフにコーススタートの電話連絡を入れます。

ここからの時間の使い方は自由ですが、いくつかルールがあります。

ひとつめは、一緒にお風呂に入ること。

これはお客様、キャスト双方の衛生のためです。

でもこのお風呂タイムが好きという声もお客様から寄せられています。最も初歩的な、裸のコミュニケーションですからね！

60分や90分という短いコースのときはシャワーで済ませることもありますが、時間に余裕があればあたたかい湯のなかでイチャイチャするところから、プレイをはじめるのがよさそうです。

きっと緊張もほぐれます。

ひと言でレズプレイといっても、ディープキス、全身リップ、クンニ、指入れ、シックスナイン、貝合わせ、ローションプレイ……などさまざまです。

オプションで双頭ディルドなどアダルトグッズを使ったプレイ、ＳＭプレイなどを追加することもできます。

ですが、ここでふたつめのルール。

定番のプレイでもオプションでも、キャスト全員がどんなプレイでもＯＫというわけではありません。

セクシャリティや個人の嗜好によってNGのプレイもあります。

キャストがいやがることはしないでください。

キャストもお客様がいやがることは絶対にしません。

これは性風俗店のルールというよりも、ベッドを共にする者同士の、最低限の約束事ですよね。

各キャストのNGプレイ、OKプレイはHPで確認できます。

ところで、僕は10年前にレズっ娘クラブを起ち上げてるまでレズビアン用語をまったく知りませんでした。

いまでは当たり前のように聞かれるようになった「LGBT」という語もその当時は耳に入ってくることはほとんどありませんでしたし、周囲にそうであることをカムアウトしている人は、大学時代の友人ひとりだけ。

彼女はバイセクシャルで、一緒にこのお店を起ち上げた仲間でもあります。

知ろうとしなかったというより、情報がとにかく乏しかったのです。

タチ、ネコ、リバ、フェム、ボーイッシュ、セク……。

聞けばイメージできるものもあれば、見当すらつかないものもありました。

でも基本的なことぐらいは知っておかないとキャストと話が通じません。

オープン当初はキャストは何人もいるのにお客様はいない、という開店休業状態が長くつづいていたので、ひまな時間を利用して、おしゃべりがてらキャストからみっちり教えてもらいました。集中講義ってやつです。

さて、ここまでにも「セク」「フェム系」といった基礎用語から、「貝合わせ」「双頭ディルド」といったプレイに関する用語まで、知っている人は知っているけど、知らない人にはどんな意味か想像もつかない用語が登場しています。

お客様のなかにはレズビアンカルチャーをまったく知らない方や、レズビアンプレイ未経験という方も多くいます。

だから当時の僕と同じように用語がわからないのではないかと思い、HPに「レズビアン用語集」「レズ風俗用語集」というページを設け、よく使われる語をまとめました。

本書にも48ページ、80ページにその一部をリストアップしましたので、わからない用語が出てきたらそのページをめくってみてください。

「お値段以上」の満足を提供したい

ビアンコースでは、何をして気持ちよくなってもいいのです。

コレが正解で、アレは間違いということはなくて、気持ちよくなって身体も心も満足していただければ、オールオッケーです。

なかには、気持ちよくなることにこだわらないという女性もいます。

身体の気持ちよさよりも、心の気持ちよさを重視するということでしょうか。

好きな人と一緒にいるだけでうれしいからエッチなことはしなくていいし、おしゃべりしているだけでたのしい……。

という気持ちもわからなくはないですが、でも、せっかく〝性風俗店〟を利用しているのです。

初めて予約を入れるときには、自分のなかの勇気を総動員したはずです。

そんな思いをしたのですから、快感を求めることに臆病にならないでほしい。

むしろ貪欲になってほしいのです。

そこには、お客様とキャストのふたりしかいません。

誰も見ていないのだから、恥ずかしがらずに自分を解放するほうが絶対にお得です。

たしかに何をしていいのかわからなければ貪欲になるのもむずかしいでしょう。

ビアンコースを貪欲に愉しむには、〝慣れ〟も必要です。

最初はしたいこと、したくないことだけしっかり伝えたうえで、あとはキャストに任せるのが正解です。

いろいろと体験するうちに、アレもコレもと好奇心が出てくるものです。

キャストへのレビューを見ていると、はじめは「緊張していたので何をしたかは覚えていないけど、気持ちよかった」と書かれていた女性が、次第に「アブノーマルなプレイに挑戦して一緒にはじけちゃった」とか「初めて潮を吹きました」とか書かれるようになることがあります。

その成長ぶり、すがすがしいほどです！

そんなふうに愉しみ尽くすと時間はあっという間に過ぎます。

コースの終了時間15分前になると、スタッフからキャストに電話が入ります。

どんなに気持ちよくても、どんなに名残惜しくても、そこでプレイはおしまい。

残りの15分は、シャワーを浴びたりお化粧を直したりと身支度を整えたりするのに使います。

その後にふたりでチェックアウトし、待ち合わせをした場所に戻って、もしくは近隣のどこかで、キャストがお客様をお見送りしてコース終了です。

デートコースとビアンコースの組み合わせ方は自由です。

たっぷり時間をとってデートをしてビアンコースはわりとあっさりめという方もいれば、すぐにホテルに行くのも無粋だからと最初に1時間だけおしゃべりをしてからビアンコースをしっかり愉しむ方もいます。

そのためにデート60分オプションというプランも用意してあります。

このプランはキャストからの声で生まれました。

もちろんビアンコースだけ、という人もいます。

特に何度も同じキャストをご指名いただいて、お互いに気兼ねのない関係を築けたと感じている方は、最初からホテルに直行でも大丈夫という印象です。

どちらのコースの料金も、安いとはいいません。

なんといっても男性向けの風俗では1時間3900円という低価格でサービスをしているところもあると聞きます。びっくりの値段です。

あちらは供給過多で低価格競争がとどまることを知らなくなっているそうですから、そこと比べることにさほど意味は感じません。

が、少なくとも僕たちがこうした低料金で十分なサービスを提供できないことだけはたしかです。

性風俗店にかぎらず、どんなものでもそれが高いか安いかの、価値基準は人それぞれ。まったく違います。

ものすごく稼いでいる人なら、ウチの料金設定も「リーズナブル」と思われるでしょう。頻繁に長時間のコースを予約してくださる方もいらっしゃいます。ありがたいことです。

その一方で、キャストに会うために、そしてホテルで愉しくて気持ちいいひと時を過ごすために、お仕事やアルバイトをがんばって地道にお金を貯めているというお客様の話も聞きます。

まだ利用したことがない女性が、未知のサービスのために限られたお給料を使うことを躊躇するのもよくわかります。かなりの思い切りが必要でしょう。

それに対して僕たちができることは、「払ってよかった!」と思えるお値段以上のサービスを提供すること。

期待と、予想を上回る満足を持って帰ってもらうこと。

それはキャストがデート中に、またはベッドの上で発揮するものだけでなく、僕らスタッフの対応にもかかっていると思います。

まず、初めてのときに不安だらけの状態で利用するようであれば、その時点で「サービスが行き届いている」とはいえません。

なんだかんだいって利用の直前や当日は不安もあるし緊張もするものですが、それまでになくせる不安はできるだけなくしたい。

だから僕らはお問い合わせにはとことん答えます。

何度もメールを往復し、チャットかな？　というぐらいの密度でやり取りすることもときどきあります。

ＨＰには「よくある質問」として多くのお客様が不安、疑問に感じられることについて回答していますが、それよりもスタッフから直接「そんなことないですよ」「大丈夫ですよ」と聞くことが、最後のひと押しになることもあるようです。

そうして納得したうえで予約していただければ、あとはキャストにバトンタッチします。

どんなキャストが在籍しているの？

お客様の一番の関心事といえば、「どんなキャストと会えるか」に尽きます。

自分が利用するとなれば誰を指名するかはよくよく吟味したいところですし、そうでなくとも日本でもまだまれなレズ風俗店で働いている女性というのは好奇心を刺激される存在のようです。

キャストはＨＰで顔を公開していないので、ミステリアスな印象を持たれていることもあります。

ウチのキャストはみんなとても個性的で、でもみんなごくごく普通の女性です。

これは相反することのように思われるかもしれませんが、みなさんの周りを見回してもいろんな個性をもった家族や友人、仕事の同僚などがいて、でも誰もがその人なりに仕事をしたり遊びに出かけたり恋愛をしたりセックスをしたり、といった毎日を送っているでしょう。

それはレズビアン女性でも同じですし、性風俗店に勤める女性も同じです。

レズビアンだから特別、風俗嬢だから特別ということはないと僕は思います。

ただひとつ挙げるとすれば、プロ意識をもって仕事に取り組んでくれる女性が多いと感じています。

ある程度の期間この仕事を継続し、なおかつ人気キャストとなるには、相応の責任感や相手を楽しませようというサービス精神が必要ということでしょう。

スペックとか性格とかセクシャリティとか、より具体的な傾向を……となると、そのときどきの在籍状況にもよるので一概にいえないところもあります。

だからここでは、僕がキャストを採用するときに重視していることをお話しします。それによって全体の傾向も見えてくるでしょう。

求人に応募してきた女性を面接するのは、僕の仕事です。

はっきりいうと、選考の基準としてルックスは決して軽視していません。

いえ、どちらかといえばそれなりにこだわって採用しています。

でも、美人なほど、またはかっこいいほどいいかというとそうではなく、顔貌《かおかたち》よりも〝好感度〟を求めています。

ふわっとした基準ではありますが、かつて〝告白される率ナンバーワン〟の異名をほしいままにしたフェム系キャスト・あいなちゃんも、ド美人というよりは透明感のある清潔な印象で好感度が抜群でした。

だから面接の前にまずは自身の写真を送ってもらい、それと履歴書を合わせて一次選考とします。

見たいのは、顔と全体の雰囲気。

なのにオープン当初に募集をかけたところ、ブラジャーを着けた上半身セミヌードの写真が続々と届いて、僕は面食らいました。

なんだなんだ、僕が男だから下着姿でアピールしようとしているのか？

それともレズビアン同士はバストを重視するんやろか？

とアレコレ考えましたが、謎はすぐに解けました。

募集の文面に「バストアップの写真を送付」とあったのです。

なるほどだからバストを……って、いやいや、バストアップとは胸から上の顔写真ってことですよ！

そんなことがあって写真が送られるたびにどぎまぎしながらメールを開封していた時期もありました。

でもルックスは、絶対的なものではありません。

それよりも、面接にいたるまでのやり取りをちゃんとできるか、言葉遣いがきちんとしているか……つまり社会常識といったものが大事です。

相手が男性でも女性でも、性風俗は接客業のひとつ。最低限の常識やマナーが身についている人でないと、一緒にいて心地いいとは思えません。

年齢はだいたい20代~30代前半まで。

いまのところ僕より年上のキャストは採用したことがありませんが、おねえさま的な年配キャストの入店を希望する声は常にあります。

いまのキャストが今後も長く勤めてくれたり、以前勤めていたキャストが復帰してくれれば、この先、おねえさま枠が充実するかもしれません。

僕のこだわりは、「社会人経験がそれなりにある人材を採用したい」ということ。

ウチは完全予約制で、お客様は何日も前、場合によっては1カ月以上前から予約を入れてくださいます。なかには貴重な休日を割いてくれる方もいます。

当日は交通機関を乗り継ぎはるばる大阪に来てくださる……そこでキャストがドタキャンなんてことになったら、目も当てられません。僕だったら激怒します。

やむをえない事情で出勤できなくなることも、そりゃあるでしょう。それでも連絡の1本は入れることができるはずだし、それさえないのは完全にアウトです。

風俗業界ではこれを「飛ぶ」といいますが、店そのものの信用に関わります。

学生がダメという意味ではなく、これもひとつのお仕事であり、社会人として責任をもって働ける人でないと一緒に仕事はできないということです。

過去も現在も在籍しているキャストのほとんどは、別に仕事を持っていて、空いている時間帯や曜日に予約を受け付けています。

オープンから何年も、キャストがこの仕事だけで生活できるほどの集客がなかったという背景はありますが、僕はこの〝社会人感覚〟が接客にも反映されると信じています。

キャストのセクシャリティについて、ボーイッシュ系とフェム系の割合はそのときどきで変わりますが、できればバランスよくそろえたいところです。

在籍しているキャストのバランスを見て、どちらかのキャストだけ募集したり、逆に募集を止めたりします。

これまでには「セクがわからない」という女性からの応募もありました。

いまはLGBTという語が一般的になって、それについての情報もネットにあふれているのでそういう応募は減りました。

でもそんな時代が来るとは思っていなかった10年前、風俗求人情報を見て応募してきたなかにはそんなケースもめずらしくありませんでしたし、なかには、女性とも男性とも経験がないバージンもいました。

お客様から最も人気があるのは、〝リバ〟の〝タチ〟寄り、つまりリバタチです。

タチは攻め役で、リバはタチとネコの両方できるという意味で、〝リバ寄りのタチ〟は〝どっちもOKだけど、どちらかというとタチ〟となります。

面接のときに「ネコしかできない」という人は、特に若い応募者にちらほらいますが、残念ながらバリネコ（ネコしかできない）はあまり指名が入らないのです。

セクシャリティの幅を広げるいい機会だととらえ、タチにも挑戦してもらうよう僕からアドバイスします。これが案外、ハマったりするんですよ。


お客様がみんな違ってみんないいように、キャストもそれぞれ違います。

だから、「ドンピシャ」のキャストがいなくても、まずは誰かひとりを指名してみてほしいというのが僕の願いです。

プロフィールだけでは計り知れないことがあるし、実際に会ってみたらサービスがとてもよく、すてきな時間を過ごせることもきっとあります。

それが相性というものでしょう。

でもこれってレズ風俗店のお客様とキャストにかぎらず、人との出会い全般にいえることかもしれませんね。

レズ風俗を利用する前に知っておきたい

♥♥♥♥♥♥♥♥♥♥

レズビアン用語「基本」篇

●性自認

自分で認識している、自分の性別のこと。レズビアン女性は「私の性別は女性である」と認識しているので、「性自認は女性」となる。身体的性別と自分の性自認が一致していることを「シスジェンダー」という。

●性的指向

恋愛や性愛の対象がどの性別になるのか、人間の根本的な性傾向のこと。「セクシャリティ」ともいう。主なものでは「異性愛=ヘテロセクシャル」、「同性愛=レズビアン、ゲイ」、「両性愛=バイセクシャル」がある。

●ボイ（ボーイッシュ）／フェム／中性

レズビアン女性のうち見た目やファッション、振る舞いが少年的・男性的であれば「ボーイッシュ（ボイ）」、女性的であれば「フェム」、どちらでもない、あるいはユニセックスな場合は「中性」と呼ばれる。

●セク

セクシャリティ（性的指向）の略だが、セクと略す場合はもっと踏み込んで、“女性同士の性行為における役割”を表す場合が多い。主にタチ、ネコ、リバがある。

●タチ／ネコ／リバ

女性同士の性行為で男役（能動的）は「タチ（または攻め）」。女役（受動的）は「ネコ（または受け）」。タチ、ネコにどちらにもなれる場合は「リバ」という。見た目などの特徴と組み合わせて「ボイネコ」「フェムタチ」「中性リバ」などのようにして使う。

●〜寄りの

タチ、ネコ、リバといっても、それだけしかできないわけではなく、幅がある場合が多い。よって自己紹介などで「ネコ寄りのリバ（基本はリバだけど、どちらかといえばネコに回ることが多い）」などと表現する。

第2章

レズ風俗が大阪で産声を上げた日

10年早いといわれたレズ風俗店開業

2007年。

安倍首相が体調不良を理由に突然辞任し、ニコニコ動画がサービスを開始し、熊本県の病院が赤ちゃんポストを開設し、女優の沢尻エリカさんが映画の舞台挨拶で「別に」といい放ち、初音ミクがこの世に誕生した……。

そんな年に、レズっ娘クラブは誕生しました。

僕は25歳、よくいえばエネルギーにあふれていて、悪くいえば調子に乗った若造でした。大学を卒業してたった3年で「独立してレズ風俗店を起ち上げる！」といい出した僕のことを気でも狂ったのではないかという目で見てきた人もいれば、「10年早い」とたしなめてくれた人もいます。

10年早い——まったくもって的確なアドバイスでしたが、それはいまふり返ってはじめてわかることです。

当時の僕は鼻息荒く「そんなことないです！」と返していたし、胸のうちでは「見てろよ～」と思っていました。

風俗店は経営どころか勤めたこともなく、経験値はかぎりなくゼロに近かったのですが、僕には勝算がありました。

若くて向こう見ずではありましたが、なんの根拠もなく「成功する！」と思っていたわけではありません。

僕は大学卒業後、在学中からインターンとして働いていたWEB制作会社にそのまま就職しました。

いざ就職してみるとなかなかのブラック企業（当時はまだそんな言葉はありませんでしたが）だとわかり、若さと体力をすり減らしたのですが、ここでの経験が結局、レズ風俗店オープンにつながりました。

その会社が取引していたうちの半分は街の開業医や美容室など個人商店で、残りの半分は男性向け風俗店でした。

開店時のWEBサイト起ち上げをサポートするのが僕の仕事だったのです。その過程で風俗店向けの広告会社とのつき合いもできました。

幸か不幸か、この仕事で僕は稼げてしまったのです。

WEB制作の単価がいまよりずっと高かったのもありますが、ここで僕は完全に調子に乗り、「独立や！」と勢いこんで入社して2年で退社し、その翌年にレズっ娘クラブを起ち上げたのです。

なぜ風俗店だったのか。

それは成功している風俗店を見ていると、ほかのどの業種よりも起ち上げからすぐに結果が出ていることがわかったからです。

失敗して消えた数々の店舗も見てきたので、自分はそうならないようにすればいいだけと思っていましたし、何よりいろんな人が関わるこの業界に魅力を感じていました。

といってもひとりで起ち上げたわけではありません。

すでに副業として風俗店を経営していたネット関連会社の社長と、大学時代からの友人であるバイセクシャルの女性と3人で共同出資し、経営することになっていました。

どうせやるなら、すでにある男性向け風俗店にはないタイプのお店をやりたい。

既存店がとりこぼしている層を取り込みたい。

そうや、女性をターゲットにしたレズ風俗店や！

……ぐらいのノリだったのです。完全に若気の至りです。

でも調べてみると、レズ風俗店は関東に2店、東海地方に1店あるのみ。当時、関西にはまったくなかったので、「コレいけるんちゃう?」と盛り上がってもいました。

3人で知恵をしぼってつけた店名が、「レズっ娘クラブ」！

レズビアンを自認する女性たちは〝レズ〟ではなく〝ビアン〟と自称することすら知りませんでした。

WEB制作屋の思考回路で、「〝レズ〟で検索かけたら真っ先にヒットするようにしよう」ということばかり考えていて、そのために最もド直球だと思われる店名をつけたのでした。

これを書いている現在36歳の僕が2007年にタイムスリップできたとして、レズ風俗店には手を出さないでしょう。

そのくらい無謀な試みでしたが、あのときあの若さでオープンさせてよかったと思っています。

僕としては、独立してWEB制作の仕事もつづけながら、副業として風俗店の共同経営者をこなすつもりでした。

店長はバイセクシャルの女性が務めることになっていて、それはキャストとして働いてもらうレズビアン女性と話が合うだろうという程度の、軽い気持ちでした。

けれど、結局3人のなかで時間と体の自由がきくのが僕しかいなかったため、自然とスタッフ業務を請け負うようになりました。

そして起ち上げから約2年後には、僕ひとりで経営するようになっていたのです。

求人の電話が鳴り止まなかった！

いまでも目をつむれば、最初の事務所であるボロいワンルームが浮かんできます。

事務所にするにも狭いのに、そこはキャストの待機所も兼ねていました。

事務用のデスクとチェア、面接用テーブルと椅子、それからソファを置けば余ったスペースは1畳もないくらいの手狭な物件。

それでも、風俗店でもOKの物件を探し、賃貸契約をしてそこに電話を引いて番号を取得さえすれば、風営法の届け出ができるのです。

早くお店をオープンさせたいと気が急いてもいました。

風営法、正しくは「風俗営業等の規制及び業務の適正化等に関する法律」ですが、レズ風俗店はこれに届け出る必要がありません。

というのもデリバリーヘルスという業態は、次のように定められているからです。

「人の住居又は人の宿泊の用に供する施設において異性の客の性的好奇心に応じてその客に接触する役務を提供する営業で、当該役務を行う者を、その客の依頼を受けて派遣することにより営むもの」

つまり家やホテルに人を派遣して異性に、、サービスをさせることを指しているので、〝女性が女性にサービスする〟場合は届け出なくてもいい……。

のだけれど、何かあったときに不要なトラブルを被るのはごめんだというのは、いまも揺るがない僕のポリシーみたいなものです。

お客様とキャストと、それから僕自身のことも守りながら営業していかなければならないから、頼れるものは頼るし、使えるものは使う。

すごく困った状況になったら警察に頼ることもあるはず（実際にあった）なので、届け出ないという選択肢はありませんでした。

2007年5月、届出が受理されたことによって、晴れてレズ風俗店・レズっ娘クラブが誕生したのです。

来るんかなぁ、それともぜんぜん来ぃひんのかなぁ……。

求人については想像すらつかない状態でした。

が、風俗店経営の第一関門が人材確保だということを、僕はこれまで関わってきた仕事でよく知っていました。

何ごともスタートが肝心、どうか集まってくれますように。

祈るような気持ちで、お金を払ってビアン情報サイトと無料配布の求人情報誌に求人広告を出しました。

そしたらなんと、電話が鳴りやまない！

いえ、僕の体感としては電話がずっと鳴りつづけていたに等しかったのですが、実際のところは1日5、6件でした。

それでも僕としては上出来も上出来。

レズ風俗で働きたい女性がこんなにおるんや！　というのは新鮮かつ、うれしい驚きでした。

「すぐに働きたい」というよりも、どんなことをするのかを問い合わせる電話も多かったのですが、人が集まらずにオープンを待たずして頓挫した風俗店をいくつも見てきた僕をハイにするには十分でした。

だから、働きたいといってきた女性はとにかく全員採用！

オープンした月の末日には、20名が在籍していました。

2018年現在よりも多くのキャストを抱えていただなんて、驚くというより肝が冷えます。

この段階ではお客様が来るのか来ないのか、何もわかっていないのです。

さらに当時は、HPでキャスト全員の写真を顔出しで掲載していました。

いわゆる〝顔出し〟という状態です。

これも、いまでは考えられないことです。

キャスト顔出しはリスクが高すぎ

顔出しについては、実は何も考えていませんでした。

風俗店のHPでは顔写真があるものだ、そのほうがお客様がキャストを選びやすい、という認識でしたし、キャストらも気軽に応じてくれました。

現在、まったく顔出しをしていないのはキャストの安全性を考えてのうえです。

要は〝身バレ〟を避けたいのです。

セクシャリティを自分の周囲にカムアウトしていないキャストもいれば、そちらはオープンにしていても風俗店勤務は明かさずにいるキャストもいます。

本人が伏せておきたいことがバレてしまう……これは、レズ風俗店最大のリスクのうちのひとつです。

それはキャストのその後の人生を左右しかねないことですし、結果として売れっ子のキャストが辞めざるをえないことになったらお店としても損失です。

それでも、いまでも顔を掲載しようとするキャストはたまにいます。

HPは僕が管理しているので絶対に掲載しませんが、キャストのブログは各人にまかせているのでそこで載せてしまうのです。

さすがにバーンッと顔全体がわかるものは避けるものの、目元だけ口元だけをチラチラと見せるのです。

そうしたほうがお客様へのアピールになると考えているのでしょう。

ただし、顔の一部からでも個人は十分に特定できます。そして、一度オンライン上に上がった写真は、たとえ削除したとしても未来永劫、残ると思ってほしいのです。

お店をとっくに卒業してから発掘されたら、そのときの生活に影響が出るかもしれない――「そこまで考えているんやったら、アップしてもええよ」。

僕は日ごろから、そういっています。

オープン当時、僕が深い考えなしに顔写真を掲載していたのは、そうしたリスク管理がほとんど頭になかったからですが、それ以前に「レズ風俗を経営する」ためのノウハウがまったくなかったからでもあります。

思いついたことからやっていこう！ と気持ちばかりが先走っていました。

さらに2007年当時は、SNSがいまほど盛んではありませんでした。ミクシィは人気だったけど、ツイッターはまだ日本で本格的に展開されておらず、「拡散される」といったことを誰もがそれほど気にしていなかったのです。

けれど時代は変わり2016年、ウチの店名がツイッターで一気に広がりました。

漫画家の永田カビさんが『さびしすぎてレズ風俗に行きましたレポ』（イースト・プレス）の前身となる連載を描き下ろし、その更新状況をツイッターに投稿していたのを僕が見つけたのです。

「ウチかな？」

と投稿したところ、すでに永田カビさんの連載がSNS上で話題になっていたので、一気に拡散！

フォロワー数が劇的に増え、ウチを知っていただくいい機会になりました。

だからSNSのありがたさは知っています。

でも、それは怖さと表裏一体でもあるのです。

いま、オープン当初と違い〝顔出し〟に対して慎重なのには、そんな理由があるのです。

時代は変わりましたね。

キャストの安全を守れないお店は、お客様の安全も守れないと僕は思っています。「顔を見て選びたい」という声に応えたいけれど、それだけはできないのです。


しかし、ネットなしでは生きていけないのがレズ風俗でもあります。

キャストがそろったところで、お客様がいなければお店は成り立ちません。

お次のミッションは「集客」でした。

性風俗店が広告を出せる媒体は限られているうえに、その料金は高額です。それに当然のことながら、男性向けの媒体ばかりです。

だからできるだけお金をかけずに、そして女性に届くように宣伝していこうという模索がはじまりました。この方針は基本、いまでも変わっていません。

まずはWEB制作屋の本領発揮ということでSEO対策はばっちり！「レズ」「レズ風俗」で検索をしたとき、トップにウチのお店が表示されるよう血道を上げました。

実際はどれだけの人が「レズ 風俗」というワードで検索するのかはわかりませんが、そう検索をしてくれた希少な方を逃したくありませんでした。

当時すでにレズビアンの女性が集うサイトがいくつかありました。

そのほとんどが個人で運営しているもので広告料も格段に安かったので、そこに広告を載せてもらいました。

女性同士の出会いを目的とした掲示板があるサイトや口コミ系のサイトにお店のことを書き込んだり、当時流行していたミクシィで「レズビアン」コミュニティに属している人たちにアクセスしたり、ほんとうに地味な宣伝活動をつづけました。

オープンはしたけど電話は鳴らず

それでも、電話は一向に鳴りません。

狭い事務所で仕事用のデスクに向かっている僕の背中にビシビシと突き刺さってきます。

何が刺さるのかというと、待機しているキャストたちの視線です。

現在は〝予約制〟ですが、当時は多くの男性向けデリヘルと同じく〝待機制〟にしていました。

キャストは事務所で待機し、お客様から電話があり次第、お仕事をしてもらうというもので、これまた「デリヘル店というのはそんなものだ」と深く考えずにこのシステムを採用していました。

けれど、これだと電話が鳴らないかぎり、キャストの出番はナシ。

延々と待機しつづけることになります。

電話が鳴ったと思ったら、求人についての応募や問い合わせ。

仕事がないキャストがすでに事務所にすし詰め状態でいるところに、「働きたい」という電話がかかってくるのは、皮肉以外の何ものでもありませんでした。

この時期、あるビアン系掲示板に「あそこのお店を利用したら、接客中に財布からお金を抜かれた」と書き込まれました。

あわてて「事実ではありません！」と返信しましたが、お金を抜かれるも何も、この時点でまだ1件の予約もなかったのです。

予約表を見せてやればよかった、といまなら思います。


キャストらは、ひまを持て余していたのでしょう。

フラストレーションもあったはずです。

働きにきたのに仕事ができないのでは、肩透かしもいいところ。

そこで何が起きたかというと……。

キャスト同士がイチャイチャしはじめたのです！

オープニングで入店してくれたのは、20歳前後の若いキャストばかりでした。

することがないのに、小さなソファに何人もが身体をくっつけ合って座っている。

そりゃムラムラもするわなぁ、などと思う余裕は当時の僕にはなく、「そうきたか！」とただただ驚くばかりでした。

男性向け風俗で働くほとんどの女性にとって恋愛とセックスの対象は男性で、待機所にいるのはその対象にならない女性の同僚ばかりです。

けれどレズ風俗では、一緒に待機しているキャストが恋愛の対象になってしまう……当たり前といえば当たり前なのですが、想定外すぎました。

ほほえましいイチャイチャから正視に耐えないイチャイチャになり、そこはもうハッテン場状態でした。

乱れに乱れる風紀、身の置きどころがなくなる僕。

結果、キャスト同士を1カ所に集めて待機させておくのはいろいろとよろしくないという結論に至り、待機制をやめ予約制に切り替えました。

いいえ、いまちょっと見栄を張りました。

予約制に切り替えたのは待機室でのイチャイチャ以上に、「お客様が少なかったから」です。

待てども待てども電話は鳴らず、最初の週に利用してくださったお客様の数は、なんと0人でした。

2週目を迎え、やっと3人。

はじめの1カ月は、たった8人にしか利用していただけませんでした。

その8人のお客様にはいくら感謝しても足りないくらいですが、これだけしかお客様が来ないのでは、お店としてはお先真っ暗です。

地道な宣伝方法だったとはいえ、やれることはやったつもりでした。

「どうすればええっちゅうね～ん……」

オープン時の勢いはどこへやら、さっそく高くて分厚い壁に行き当たりました。

当時の料金設定は現在のそれより高めで、ビアンコースが60分1万8000円でした。

それがあかんのかな、と悩んだりもしました。

キャスト貸し切り最長記録保持者

だからこそ、最初のお客様のことは忘れられません。

なんと僕はその女性に会いにいってしまったのです。けれどそれは、どんな人が利用しているかこの目でたしかめたかったからではありません。

当時はお客様との待ち合わせ場所まで僕がキャストを案内し、そこで代金を回収するという流れにしていたのです。

でもこれって、おかしいですよね。

僕が男としてデリヘル店を利用したとして、女性キャストが男性スタッフ同伴で現れたらびっくりです。うれしいびっくりではありません。確実に身構えます。

そのお客様も相当驚かれたようで、僕はその様子をみて初めて「これは違った！」と気づいたのです。

当時は何もかもがこんな調子で、集客も接客もキャストとの接し方も、正解がわからずに試行錯誤ばかりしていました。

やがて月の利用件数が20本になりました。

この状況はこれから数年続くことになります。

スタート時と比較するといくぶん増えたものの、まだまだキャストにとって十分な稼ぎにはなりませんし、僕も食っていけません。

何があかんのやろ。

どうすればもっと来てもらえるのやろ。

お客様を増やすためには、なんでもするつもりでした。

最初の決まりごとなんて関係ナシ。

お客様とキャストにとってよりよい環境にするためにはさっさと改めます。

お客様からリクエストが、もしくはクレームがあればすぐに対応します。

それまでの決まりごとをひっくり返すのもぜんぜん平気……「即ルール改正」はいまでも僕のモットーです。


「お泊りコース」「出張コース」も、そんなリクエストによって誕生しました。

オープンからまもなくして、タカラジェンヌだといえば多くの人が信じてしまうほど王子様的なルックスの中性キャストが人気を集めていました。

リッチな女性からの指名が多く、お客様からしょっちゅう高額なプレゼントをもらっていました。

お気に入りキャストと一緒にいるのにデートコースやビアンコースだけでは物足りない。

「もっと一緒にいたい」「貸し切りたい！」「ふたりで朝を迎えたい」というのは自然な欲求でしょう。

長時間の指名は、デートコースやビアンコースの範囲では対応しきれなかったので、リクエストを受けてすぐに「お泊りコース」をはじめました。

お泊りコースとは、12時間フルでキャストと過ごせるコースです。

日中にご予約いただいた場合は、「お昼寝コース」といっていますが時間枠、ルールともに同じです。

ルールというのは、ホテルで過ごすこと。ここでも、お客様の自宅にお泊りするのはNGです。

そしてキャストに3時間の仮眠を保証すること。

長いようであっという間に過ぎてしまう12時間、寝るなんてもったいない！ という気持ちもわかりますが、寝不足ではキャストもサービスが行き届きません。

心を砕いてのサービスは体力も気力も使います。

なかには寝かせないためにアレコレするお客様もいらっしゃるようですが、一緒に眠るのも幸せな時間ですよ。

これまでの長時間記録保持者は、2泊3日をキャストと過ごしたお客様です。

2泊3日コースというのがあるわけではないので、お昼寝＋お泊り＋お昼寝＋お泊り＋お昼寝と組み合わせて、計72時間。

お会計は50万円オーバーでした。豪気ですね！

「長距離出張コース」をはじめたのも、このキャストがきっかけでした。

レズっ娘クラブを利用してみたい、でも地元は離れられないというお客様のために、キャストのほうからお客様のもとへ出向くのです。

彼女が最初に呼ばれていったのは、東京でした。

5万円以上のコースを申し込んでいただければ、関西エリアのみならず原則的には日本のどこでもうかがいます。

コースの料金に加え、移動費も発生します。

お値段はかさみますが、「それでも来て！」という熱い要望は常にあります。

僕らとしても全国の女性にサービスをお届けしたいので、ときおり「長距離出張割引」などのキャンペーンをしています。


オープンから数年、たしかにお客様の数が少なくて心細い思いをしました。

でも少ないからこそ、お客様ひとりひとりの要望にはできるかぎり応えるつもりでしたし、クレームにもすぐに対応してきました。

ウチのお店がもしヒトなのだとしたら、その血管には〝お客様の声〟が流れています。

それがサービスという血肉となり、僕らを生かしてくれているのです。

はじめての〝出禁〟で警察沙汰に

キャストも人の子、リッチなお客様にめぐり逢いたいと心のどこかでは思っています。その気持ちは僕にもよくわかります。

が、それだけに振り回されると必ずトラブルが起きるので、リッチなお客様が現れても浮かれすぎないよう気を引き締めています。

オープンから間もないころ、HPにはお客様とキャストの交流を目的とした掲示板を設けていたのですが、そこに〝自称・お金持ち〟の方から、

「フェラーリの納車日に、一緒にドライブしたい」

という書き込みがありました。

キャストらは色めき立ち、それぞれお客様に対して猛アピールを開始！

お互いをライバル視して険悪な雰囲気になるわ、最終的にはスタッフに八つ当たりするわで収拾がつかなくなりました。

お金をめぐる争いは、とどまることなくエスカレートするものなのですね。

ついには目に余る態度のキャストを解雇するに至りました。

開店以来初のクビです。

けれど結局、その方はウチを利用されませんでした。お金持ちというのもフェラーリを買ったというのも、本当だったのかウソだったのか……。

僕の必殺技「即ルール変更」が発動し、掲示板も廃止しました。トラブルの温床は、なくしておくのが吉です。

他人の懐具合というのは、結局はわからないものです。

羽振りのいいお客様も、短いコースながら毎月1回は利用してくれるお客様も、一度はレズ風俗を利用したいと思っていてアルバイトでやっと貯めたお金を手に大阪に来てくださるお客様も、等しくありがたいと思っています。

そんなの建前で、金払いのいいお客様が一番に決まっとるやろ！　というツッコミには毅然とした態度で「そんなことない」といわせてもらいましょう。

派手なお金の使い方をするお客様のなかには、ときに要注意人物がいるのです。

それを思い知らされた出来事がありました。

その女性も最初は、きれいに楽しく遊ばれていました。頻繁に利用していただいたので、僕としても大歓迎……。

だったのですが、週に1度のご利用が5日に1度になり、3日に1度になり、ついには1週間毎日連続で予約が入るようになったころ、僕の頭のなかで「ビビーッ！」と警告音が鳴りました。

しかも日替わりで違うキャストを指名するのです。

結果、その女性のお財布はすっからかんになりました。

予約はするけど、支払えない。僕はこの状態を〝パンク〟と呼んでいます。

すでにどこかから借りたお金をつぎ込んでいた可能性もあります。

それだけならそのお客様と縁が切れるだけなのですが、この女性はお金がなくても遊ぼうとして、いろいろとやらかしていたのです。

たとえばデートコースを予約していながらキャストを脅してホテルに行きプレイを強要したり、終了時間になっても帰ろうとせず勝手に時間を延長したり（もちろん無銭で）。

終了報告の電話から時間が経ってもキャストが帰ってこないのでおかしいと思い、僕から電話したところこうしたルール違反が発覚しました。

厳しく注意すると、「自分にはバックがついている」と逆に脅されました。

これ本気でアカンやつや。

僕はそう判断して彼女に「今後、出禁にします」と宣告しました。

明らかに脅迫されたので念のため管轄の警察に相談もしました。風営法に届け出をしたのは、こういうときのためです。

店としても事をあまり荒立てたくはなかったのですが、翌日には相談して正解だったと知ることになります。

その女性が、同じ署に「レズっ娘クラブのキャストに財布からお金を抜かれた」と被害届が出されたのです。

またこのパターン……。もちろん、ウソです。

僕が前日に相談していたことから、すぐに虚偽だとバレました。

思わず彼女に向かって「ざまあみろ！」といったら、警察官に怒られました。

ハイ、僕が若くてバカでした。

風俗店の利用は「恋」にならない

お客様を出禁にすることは、たびたびあります。

その理由として多いもののひとつが、この〝パンク〟です。

キャストからもこんな話を聞きます。

「『私のために絶対に無理はしないでね』と何度も伝えていたのですが、ずいぶん先まで予約を入れられて、結局はお支払いが追いつかなくなって、出禁になってしまったお客様がいらっしゃいました。無理をさせてしまって申し訳ない気持ちでいっぱいだし、もうお会いできないさみしさもあって、長いあいだ落ち込みました」

自分の支払い能力以上のお金を使うとキャストも悲しむことになりますし、きっとご家族や周囲の人にも影響が及ぶでしょう。

そして何より、ご自身がつらいはずです。

自分に必要な何かがあるから、思い切ってレズ風俗という世界に飛び込んできたはずなのに、そこで利用前よりもつらい思いをされることだけは避けてほしいです。

これもひとえに、女性が自身の性的な欲求を発散するのに不慣れだから、という気がしてなりません。

男性にもそうやって歯止めがかからなくなる人はいますが、自分の使えるお金の範囲内で遊んでいる人が大半です。

低価格帯のお店でも選択肢がたくさんあるから、というのもあるでしょうけれど、〝慣れ〟さえすれば強烈に愉しい体験にも気持ちのいい時間にもハメを外すことなく、一定の距離をもって性風俗店という娯楽とつき合えるのではないでしょうか。

出禁は、あくまで最終手段です。

僕だって積極的にそうしたいわけではありませんが、キャストとほかのお客様に迷惑がかかる場合はやむをえません。

同じ理由でキャストを解雇することもあります。

オープンから2カ月を待たずしてこんなことが起こるだなんて。僕はなかば呆然としていました。

が、早いうちにこうしたことを体験してよかったのかもしれません。

ここからほぼ毎週のように何らかの事件やトラブルが起きるようになるからです。

男性向け風俗店でもしょっちゅう起きているようなものもあれば、レズ風俗ならではのものもあります。

僕は「しんどいわぁ」といいながらも、どこか楽しんでいるところもありました。

ときに泥臭い人間模様を織りなすのも、〝レズ風俗店〟の一面だと思っているからです。

出禁の対象になるのはひと言でいうなら、上手に夢を見られなくなった女性です。

レズ風俗は、ほんのひと時のあいだ楽しんでもらうためのサービスを提供する性風俗店です。

というとドライだと思われるかもしれませんが、限られた時間内でできるだけたくさんの夢を見てもらえるようキャストは精いっぱい努めます。

お客様にはお客様の生活があってそれを守りながらお店をご利用いただいているのと同じく、キャストもウチで働いている以外の時間にはそれぞれの生活があります。

そこを尊重していただけない方は、お店のご利用はむずかしいと判断します。

僕らが戸惑うのは、ずっと尊重してくれていたはずなのに、気づけばそれができなくなってしまったお客様。

その動機は、お客様にとっては〝恋〟なのでしょう。

キャストに本気になってしまった。

だから公私ともに自分のものにしたくなった……。

あるキャストは、こんなことに巻き込まれました

長距離出張コースとしてお客様とふたりで旅行にいったとき、その女性は自分の電話番号を記したメモ用紙を無理やりキャストに押し付けようとしました。

個人間で連絡先を交換するのは、お店のルールで厳禁しています。

でも、いくら禁止してもいるんですよね。性風俗店でのサービスを〝出会い〟と勘違いして、個人的に会おうとする人たちが。

お客様側にもキャスト側にもいて、何度困らせられたことか。

そのキャストは根がまじめな性格でルール違反はしたくないと、メモを拒否しました。するとお客様は彼女のポケットに無理やりそれをねじ込み、姿を消したのです。

キャストは困ります。土地勘のない旅先で相手とはぐれれば、誰だって焦ります。

なんとかしなければと、自分の携帯電話からその番号に電話したのでした。

お客様の携帯電話には彼女の番号が表示され、まんまと連絡先をゲットできたというわけです。

僕らスタッフに連絡してくれればよかったのですが、そのときは彼女も気が動転していたのでしょう。

結果、お店のルールを破ったことで彼女はその女性から脅され、お店を介さず個人的に会って関係を持つようになりました。

それだけでは飽き足らず、女性は北海道旅行を計画しました。

しかし僕は、その女性にはふたりで旅を楽しむ以上の目的があったと見ています。

飛行機に搭乗するには名前を登録しなければなりません。そうやってキャストの本名を知ったのです。

脅迫により関係を強要され、プライバシーも侵害され、そのキャストはボロボロになって故郷に帰っていきました。

彼女が「絶対にお店に知られてはいけない」と隠しつづけたからではありますが、いま思い出しても僕らが気づいてあげられなかったのは痛恨の極みです。

気づいてさえいれば、もっと早く出禁にしていましたし、場合によっては警察に相談していました。

ここまでくると、キャストひとりの問題ではありません。

そのキャストと会うことを心待ちに毎月を送っている別のお客様まで悲しませることになります。

どっちを尊重するかは、明らかです。

すてきな夢を見、そして現実に帰る

僕は、お客様とキャストが楽しく過ごしてくれればいいと思っています。

そのためなら、ときにキツいことをいって僕が嫌われるのは、まったく構いません。

出禁にしたかつてのお客様からは恨まれるだろうし、解雇したキャストも絶対に僕のことをよく思っていないでしょう。

まさに、嫌われ御坊。

なので、ここでも耳が痛いことをいってしまいます。

キャストは、運命の人ではありません。

ひと目惚れしても、長い時間を一緒に過ごすうちに恋心を感じても、それはひと時の夢。

いい夢を見るお手伝いをするのが、キャストのお仕事です。

ウチのお店10年の歴史のなかで、最も長い方だと5～6年ものあいだ当店を利用いただいていますが、上手に遊ばれる方というのは「楽しく過ごす時間」を買われているのだと感じています。

その時間が終わったら、現実に戻るのです。

イヤなことが多い現実も、お気に入りのキャストと会うことで気持ちいい時間を過ごせば、「戻ったときにちょっとはいい現実になっている――僕が「女性にはレズ風俗が必要」と思っている理由のひとつがコレです。

夢を見させるのがキャストの仕事なら、僕の仕事は夢から覚めてもらうこと。

恋心ゆえに盲目になっているお客様の耳元で、パチンッと指を鳴らします。

無粋ではありますが、目を覚ましてもらうための合図です。

個人的に会おうとしたり、独占しようとしたり、つきまとったりされるとキャストもつらいです。

いい時間を過ごして束の間の夢を何度でも見つづけるか、それともみずからその夢を壊してしまうか。

それは、お客様が選ぶことでもあるのです。

レズ風俗を利用する前に知っておきたい

レズビアン用語「ベッド」篇

●床（とこ）
一般的にエッチが上手なことや、ベッドでの技術に長けた人を“床上手”というように、エッチの経験やエッチそのもののことを指す。「床思考」といえば、「セク」に近い意味で、タチ・ネコ・リバのいずれかのこと。

●バイキュリ
女性同士との性交渉に強い興味、関心を示す人。「バイキュリアス」とも呼ばれる。自分が同性にも欲情すると明確に自覚しているわけではない場合や、同性愛者もしくは両性愛者だと自認することを恐れている場合もある。

●誘いネコ
性的な行為が始まるよう相手に仕向けたり積極的に誘ったりするタイプのネコをいう。いざ行為が始まれば受け身になる。甘え上手な人が多い。

●指入れ
性器に指を挿入して、刺激すること。挿入する側（タチ）とされる側（ネコ）がある。

●クンニ
オーラルセックスのひとつ「クンニリングス」の略。女性器を舌や唇で愛撫する行為。指入れと同様に、する側（タチ）とされる側（ネコ）がある。

●貝合せ
女性器同士を直接擦り合わせるプレイ。語源は、平安時代から伝わる遊びで、貝殻同士を合わせる「貝合わせ」だといわれている。レズっ娘クラブ・ティアラでの貝合わせは、衛生上、局部や粘膜同士が触れ合わないようにして行うことも可能。

●ディルド
張形のことで、性器に挿入して刺激することを目的としている。両端が挿入可能な形状になっているものを「双頭ディルド」、電動モータを内蔵して振動するものを「バイブレーター」「バイブ」という。

第3章

女性が
集まるところに、
事件アリ

dating

レズ風俗店以外の事業は不発だらけ

これまでにない、レズ風俗店のオープンや！

と、お店を起ち上げてから1年経っても2年経ってもお客様はさほど増えず、お店の経営も僕自身の生活もどんどん苦しくなっていきました。

試行錯誤に紆余曲折、ふり返れば「あれは余計やったのかなぁ」と思うこともありますが、やってみなければイケるかイケないかはわかりません。

チャレンジ精神だけは人一倍、持ち合わせていました。

テレビ電話でキャストと会話ができるサービスを開始……予約につながらず。

男装とメイドをデリバリーする新店舗をオープン……まったく流行らず。

女性同士のデートコースだけを提供する新店舗をオープン……これも空振り。

男装派遣とメイド派遣は東京に遊びにいったときに秋葉原で流行っているのを見かけたのですが、なぜか不発で半年も経たずに撤退しました。

同じ時期に共同出資でショーパブをオープンさせましたが、これも難航しました。

という具合にトライ&エラーというよりエラー&エラーの連続でしたが、不思議とへこたれることはありませんでした。

あれやこれやと手を出し、奔走しているうちに、自分のなかではずっと〝本業〟と位置づけていたWEB制作の仕事に手が回らなくなり、納期まで仕上げられない状態になってきました。

けれど実際にはその仕事で得たお金を、お店の運営資金に充てていたこともあり、やめるつもりはありませんでした。

要は僕が、馬車馬のように働けばいいのです。

そうこうするうちに店名自体は、だいぶ知られるようになってきました。

それは、ひとえに口コミ効果です。

既存の広告宣伝にはお金をかけない主義の僕も、いろいろと試してはみたのです。

女性誌やレディースコミック誌などに広告を出してもみましたが、反応はいまひとつ。

そもそもレズ風俗店が広告を出せる媒体が少ないのです。

東京では毎年、レインボープライドが開催されていますが、その前身となるイベントの公式パンフレットに広告を出したこともあります。

現在のレインボープライドは性風俗店やアダルトな内容の広告はNGですが、当時はアダルト系が大半だったのです。

ふり返ると、ＬＧＢＴを取り巻く環境も大きく様変わりしたと感じます。

ＬＧＢＴをテーマとした映画イベントを企画したこともあります。

イベントへの協賛はメディアに広告を出すより口コミ効果があると感じたので、いまでも毎月何かしらのイベントに協賛しています。

さらに僕の好きなＴシャツブランドとコラボしてオリジナルＴシャツを作り、販促品として知り合いや行きつけの飲食店に無料配布もしました。

お店のことを広めるなら、自分も楽しみながらがいいですからね！

いろいろ試した結果、僕は口コミこそ最強の宣伝ツールだと確信しました。

そのほうが、女性の心には届きやすいと感じています。

しかも、それを何度でも何度でも仕掛けていくことが大事です。

〝レズ風俗店〟というキーワードを見聞きして、即座に「行こう！」と行動を起こせる女性は少ないものです。

「何年も前からＨＰを見ていたんですが」

「１年以上迷って、やっと決心できました」

というお話を、初めてのお客様から聞くことがしょっちゅうあります。

レズ風俗店を必要としているけどまだ心が決まらないという女性たちの姿を、僕が直に見ることはできません。

でも、そんな女性たちの後押しをするためにくり返し発信します。「ここに来れば、あなたにとって必要なものをつかめるかもしれませんよ」という気持ちをこめて。

ネットの掲示板に書き込んで情報を流すのはもちろん、大阪の心斎橋にあるレズビアンバー、ミックスバーで話題になるよう仕掛けました。

おかげでオープンから3年前後には、大阪界隈のレズビアンコミュニティではひと通り、「レズっ娘クラブ」という名が浸透したという実感がありました。

けれど、知名度が上がっても客足にダイレクトにつながることはありませんでした。

あの手この手の仕掛けを考えてもなかなか起爆剤とはならず、焦りは募っていきました。

オフ会を開催するたびに事件が…

とにもかくにも、ウチのお店を知ってもらわなければ始まらない!

毎日そのことばかりを考えて、思いついたのがオフ会です。

そのころのレズビアンコミュニティではオフ会がちょっとしたブームとなっていたので、これに乗っからない理由はないとすぐ行動に移しました。

しかし回を重ねるたびに、「これは諸刃《もろは》の剣や！」と思い知ることになります。

たしかに、オフ会の前後は予約が増えます。しかもロングコースです。

短期的に見た費用対効果は悪くなかったといえるでしょう。

けれど生身の女と女が集うと、そこには〝出会い〟が生まれます。

考えてみれば当たり前のことでした。

なかには、そのことを心配してお気に入りのキャストをオフ会に参加させまいと、開催日時に合わせてロングコースの予約を入れるお客様もいらっしゃいました。

いってみれば、これもオフ会効果のひとつです。

お客様と、これからお客様になってくれるかもしれない女性と、キャストが直に交流することでウチのお店をよく知ってもらい、お客様予備軍が安心してお店を利用してくれるようになったら万々歳……僕としてはそんなシンプルな思惑でオフ会をはじめたのでした。

しかし女性たちはそこに出会いを求めて参加し、一部のキャストも同じ目的を胸に秘めていました。

初めて開いたオフ会で、さっそく〝出会い〟がありました。

当時、人気1、2位を争っていた看板キャストが、オフ会参加者とその場で連絡先を交換し、後につき合いはじめることになったのです。

ウチでは、キャストのプライベートや恋愛そのものには立ち入りません。

彼女がいてもパートナーと一緒に住んでいても、お仕事に響かなければ恋愛OKです。

ただし、相手に性風俗店勤務が知られると決まってトラブルになるので、バレないよう自分でしっかり管理できるというのが前提です。

けれど、お客様と恋愛関係になるのはご法度です。

レズビアン女性にかぎらず、人と人とが出会うのも、そこで恋に落ちるのも止められないことです。

でも、オフ会はあくまでお店のプロモーションとして開催しているものなので、そこで集客の妨げとなる行動をすること自体が問題です。

しかもその女性は、これまで一度もウチのお店を利用されたことがなく、もしかしたらこれからお客様になってくれるかもしれない〝予備軍〟の方でした。

そうなったときに指名するのが、そのキャストだったとはかぎりません。

ほかのキャストにも指名をもらう可能性があったのに、彼女らはふたりしてそのチャンスを潰してしまったことになります。

お店としては、立派な機会損失です。

オフ会には個人としてではなく、キャストとして参加しているのだと考えると、何をすべきで何をすべきでないかはわかるはずです。

キャストは、自分のことだけを考えていてはダメなのです。

オフ会は２００７〜２０１０年まで計７回開催しましたが、何度注意しても出会いがなくならないとわかったので、結局はやめました。


太古の昔からタブーのある出会いほど燃え上がるもので、ウチのお店でも数々のロマンスが生まれました。

恋心は誰にも止められないのは知っています。

僕もそこまで無粋な人間ではありません。

でも何度でもいいますが、レズっ娘クラブは出会いの場ではありません。

であれば、キャストがお客様と、もしくは別のキャストと恋愛関係になったらすぐに報告してほしい、そしてお店はスッパリ辞めてほしいのです。

なかには面接のときに、「えっ、ここで出会っちゃいけないんですか？」と訊いてきた強者もいました。

はい、ダメです！　採用前にいってくれただけ、助かりましたけどね。

その女性は「じゃ、いいです」といい残して帰っていきました。

とにかく告白されまくるキャスト

本人が望んでいなくても、キャストの行く先々で出会いが待っていますし、モテるキャストは本当にモテます。

お店でモテるというのは、売れっ子という意味でもあり、これはいろんなお客様からご指名をいただいたり、同じ方からくり返し指名をいただいたりすることです。

それとは別に、お客様が本気で好きになってしまうタイプのモテ方もあります。

かつて在籍していたあいなちゃんは、それがあまりに多かったので、僕が〝告白される率ナンバーワン〟とあだ名をつけました。

いくつかあるウチのお店の伝説に数えられるほどの売れっ子で、一時期は売上の半分以上があいなちゃんによるものでした。

だから、卒業したときは大打撃！

お店が完全に傾いてしまうほど売上がガタ落ちしたので、僕はこれを〝あいなショック〟と呼んでいます。

先述しましたが、ふわっとした雰囲気の女性で人の話を聞くのが上手でした。

彼女を前にすると多くの人が「受け入れられている」と思うのかもしれません。

だから一緒にいたいと思ってしまう……そんな空気を醸しだしていました。

どのくらいモテたかというと、帰り際に自分の連絡先を渡そうとしたり、お手紙を受け取ったらそこに電話番号が書いてあったりが絶えなかったのです。

なんと自宅の住所を書いてきた人もいたそうです。

いただいたお手紙の扱いは基本的にキャストに任せますが、そこに連絡先が書いてあったら没収です。

あいなちゃんは、面と向かって告白されたことも何度もあります。

けど、俗にいう〝色恋営業〟をしていたわけではないでしょう。

これはキャバクラやホストクラブ、一般の性風俗店でもよく用いられる手法で、キャストがお客様に本気で恋愛をしているように見せかけて、その恋心につけ入り、お店に来つづけたりお金を落としたりするよう仕向けることです。

お客様はそのキャストを本気で彼氏、彼女だと思い、尽くします。

それが悪いとはいいませんが、かなりのテクニックを要します。

あいなちゃん本人は「告白されると、悲しい」といっていました。好きといわれるだけならいいにしても、交際を申し込まれたら断らなければいけません。彼女はあくまでキャストとして、お客様と会っているからです。

彼女にも告白を受けて「お店を辞めて、交際する」という選択肢がないわけではなかったのですが、3年間在籍してくれたのは、仕事が最優先だったからだと思います。

〝告白される率ナンバーワン〟のあだ名を付けた裏には、これから告白しようとしている人、するかもしれない人を牽制しようという意図がありました。

僕が書いている「レズっ娘クラブ スタッフブログ」でもしょっちゅうこのあだ名を載せていたのですが……それでも玉砕覚悟で告白するお客様がいなくなることはありませんでした。

ほかにも多くのキャストが告白を経験しています。

でもお店では売れっ子で、何人ものお客様から告白されているのに、「プライベートはぜんぜんモテない」とぼやくキャストもいます。

お仕事で接客している本人と、プライベートの本人は違うということです。ふたりで長く時間を過ごし、肌を合わせれば、募る想いもあって当然です。ですが、それは時間限定の恋。

だからこそ、キラキラして見えるのでしょう。

その時間を長くつづけるには、告白しないのがいちばんです。

まじめに働くキャストに迷惑が…

これとは裏腹に、まったくキラキラしていない出会いもあります。

性風俗店では〝出会い〟があったとしても、それはお金とは無縁ではありません。

お客さまとキャストがお店を介さず個人的に会うこと自体、ほとんどの性風俗店が厳禁しています。

そこには〝直引き《じかび》き〟という、甘いようで危険な落とし穴があるからです。

キャストはサービスに対していただいたお金を、お店と分け合います。その割合はお店によりますし、場合によってはキャスト間でも差があるでしょう。

キャストからすれば全額を自分のものにしたいところかもしれません。

しかし、お店が顧客を呼び込むからこそコンスタントに仕事ができ、またお店が顧客の管理をするからこそトラブルから身を守りながら安心して仕事をつづけられるのです。

個人で性サービスを生業《なりわい》としている人も世の中にはいますが、常に危険と隣り合わせだと断言できます。

レズ風俗店なら相手が女性だからそんなに危なくはないだろう、というのは考えが甘いとしかいいようがなく、危険というのは身体的なものとはかぎりません。

だからこそキャストはお店と利益を分け合い、守ってもらうわけですが、

「お店を通さずに会えばお金が全部、自分のものになるでしょ」

という誘いは、そうしたキャストの耳にとても甘美に響くようです。

一見、両者ともにウィン－ウィンの取引に見えますが、たいていの場合はそのうち支払う側が渋るようになります。そうした人は基本的にタダで遊びたいからです。

でもそれではキャストは納得できませんから、その関係は長くつづかず、別れぎわに大いに揉めることもあります。

どこの性風俗店でも〝あるある〟な話ですが、ウチではこんなことがありました。

かつて直引きをしていたあるキャストが、そのお客様とぎくしゃくしはじめたと感じ、

「次はAさんと会ってみれば？」とほかのキャストとの直引きを勧めたというのです。

真に受けたそのお客様がAさんを指名して直引きを持ちかけ、怒ったAさんが僕にその事実を教えてくれました。

「真面目に働いてる人間にとって、ルールを破るキャストって迷惑ですね！」

彼女はそういい捨てましたが、僕もまったく同意見です。

そして直引きは、ルールを守りながらきれいに遊んでいただいているほかのお客様にとっても迷惑です。

自分のことだけを考えていてはダメ――これは、お客様にもいえることなのです。

もちろん僕も、自分のことだけを考えていてはダメ。

多くの人に気持ちよくご利用いただくお店は、僕だけではできません。ルールやマナーを守ってくださるお客様やキャストと共に作り上げていくものだと思います。

もうひとつ困るのが、キャスト同士の恋愛です。

お店には、「キャスト間の連絡先交換禁止」のルールがあります。

待機制ではなくなったのでキャスト同士が顔を合わせることはあまりないように見えて、オフ会などの少ない機会にここぞとばかりに出会ってしまうのです。くり返しますが、オフ会はキャストにとってお仕事の場です！

そうして知り合い、連絡先を交換し、やがてナイショで交際をはじめたキャストBとCが、街中で痴話喧嘩をしたことがありました。

ずいぶん派手にやり合ったらしく多くの人がそれを目撃し、2ちゃんねるにも書き込まれました。

そこでは「マンガみたいな話だ」と盛り上がっていましたが、そういいたいのは僕のほうでした。

なんで人前でわざわざ、そんな漫画みたいなことすんねん……。

口コミを常に意識してはいましたが、こんなことで噂になるのは御免です。

さらに後日、このふたりが別れることになり、それによって強いストレスを感じたのかBが事務所で過呼吸を起こしてしまいました。

僕が救急車を呼び事なきを得ましたが、ケンカするにも別れるにも人騒がせなふたりでした。

また、Dというキャストは在籍中にキャスト同士でつき合い、その後にはお客さまとも交際し……という奔放さが目に余ったので、解雇をいい渡しました。

しかし解雇が決まった最終日、彼女は当時HP上にあったチャット欄でほかのお客様に自分の連絡先を教えていました。もうやりたい放題です。

消したつもりの履歴を僕が発見し、そのやんちゃぶりが明るみに出ました。

ちなみにこのDは、いまだレズビアン出会い系の掲示板に出没しているのを見かけます。

まあ、元気でやっているってことですね。

僕がひとりでお店を回してきた理由

数々の恋愛騒動のなかでも忘れられない事件が、オープンから2年半して勃発しました。僕がレズっ娘クラブ以外にも新店舗を経営したり新しい事業に挑戦していたころで、そちらの仕事を2名のキャストに手伝ってもらっていました。

「あいた時間によろしく」というやりがい搾取的なことはせず、きちんとそちらの従業員として雇用し、給料も支払い、僕としては信頼関係を築いていたつもりでした。

その仕事に使うパソコンを渡してあったのですが、あるとき僕が何気なくそのパソコンを使おうとしたところ、デスクトップ上に「事業計画書」という文字を見つけたのです。

そのファイルを開いたとき、心臓が止まるかと思いました。決して大げさではなく、そのぐらいの衝撃を受けました。

彼女らは、自分たちで新しい別のレズ風俗店を開業しようとしていたのです。

しかも、ウチのお店のノウハウを盗んで。同じ大阪に。

信頼していたキャストに、これからも手伝ってもらおうと思っていたキャストに、僕は裏切られたのか……。

いきなり突きつけられた事実を認めたくない自分を無理やり奮い立たせてその事業計画書に目を通すと、そこにはその計画が起ち上がるまでの経緯や、関わっている人たちの名前が列挙されていました。

そこから、ふたりのうちひとりがお客様と交際していること、さらに別のお客様ともこっそり連絡を取り合い、出資をお願いしようとしていることがわかりました。

僕は思い出しました。ほんの数日前、彼女らからお店の予約表を見せてほしいといわれたことを。

予約表には個人情報が詰まっていますから、いくらキャストといえども見せるわけにはいきません。

断ったときの彼女らの表情は覚えていませんが、深い考えなしにアレを見せていたら……と思うと背筋が凍りました。

怒りなのか失望なのか、裏切られた気持ちをひと言で表すことはできません。

僕はなんて見る目がなかったんだろうと、自分を責めもしました。

すぐにふたりを呼び出し説明を求めたところ、「私はやっていません」と最後までシラを切られました。

動かぬ証拠があがっているにもかかわらず……。

彼女の心臓は鉄でできていたのでしょうか。

ふたりのことは解雇しました。

そして僕の心には「仕事を誰かに任せることができない」というトラウマだけが残りました。

何があっても僕自身が対応できるよう運営面を見直し、スタッフを雇うことなくひとりでお店を回していこうと決めました。

それは大変なことではありましたが、また裏切られるよりもずっとマシ。

僕はこのトラウマを、その後8年間近く引きずることになります。

キャストには内緒でド貧乏生活！

そんな僕の生活はというと、ド貧乏でした。

キャストがもたらす売上は、事務所の家賃や通信費、光熱費をはじめとする必要経費に消えていきました。

いいえ、経費も全部まかなえていたとはいえません。事務所の電気すら、しょっちゅう止められていました。

そんなに追い込まれていることをキャストには知られたくなくて、ウソをつきました。当時はまだ僕とは別に店長がいたので、

「電気代の請求書、店長さんが持っていってしもてん。あれ受け取ったら支払うわ～」

といい、その裏で週末に予約が入っているのを確認してから、電力会社に電話をかけ「今週末には確実に振り込むので、電気を復旧してください」と頼み込みました。

そんなことが何度もありながら、キャストらの前では「年内に、東京進出するで！」などと見栄を切っていました。

東京進出なんて夢のまた夢、お店の存続すら危ぶまれていたのに、僕はなぜそんな大口を叩いていたのでしょう。

僕の財布には小銭と、支払いが遅れている請求書の束しかありませんでした。

支払いには、優先順位がありました。

電話やネットが止まったらお店が完全にストップしてしまうので通信費が最優先、それから事務所の家賃、電気、ガスの順番。

事務所の家賃は4万円。でもそれすら払えず、最大で半年間滞納しました。

外出時に大家さんの姿を見かけては、物陰に身をひそめました。

友人にその話をしたら真顔で「それって平成の話だよね？」といわれました。

僕自身の生活費は最後の最後、というか限りなくゼロに近かったです。当時はおつき合いしていた彼女にほぼ養ってもらっていましたが、とうとう愛想を尽かされました。

家を追い出されたので、ボロアパートを借りました。エレベーターなしの4階にある1Kで、風呂はチャンバー式。21世紀の大阪ではほとんど見なくなっているような物件です。

無駄な出費はできるだけ省こうと、自宅の電気は開通させていませんでした。仕事は事務所でしかしないので、必要ないとも思っていました。テレビもナシ、冷蔵庫もナシ。風呂に入るためかろうじてガスは引いていました。

布団を買うのももったいないと思い、何もない部屋の真ん中にプラスチックのボードを敷いて寝ていました。

が、さすがに5日目ぐらいに「あかん、こんなん身体壊すワ！」と気づき、実家から布団をもらってきました。最初からそうすればよかったです。

近所には激安で有名なスーパーがありましたが、うどん玉はそこよりも業務スーパーで買うほうが数円安い18円。ついでにそこでは朝になるとおにぎりが50円になる。うどんとおにぎりのローテーションで毎日をしのぎました。

激安スーパーの悪くなりかけたお弁当もよく食べましたね。

それでもお腹を壊さない、強い身体になりました！

キャストへの支払いを減らしたり滞らせたりしたことはありません。

そもそもキャストはほぼ全員、ほかに仕事を持っていて副業としてウチのお店に在籍しているので、そこまでは困らないという事情もありました。

お客様からのご指名が少なくて、生活に支障が出るキャストもいるにはいました。

ゆうさんというボーイッシュ系のキャストは一時期、本人曰く「どん底に貧乏」だったらしく、財布のなかには小銭しかなかったそうです。僕と同じですね。

実家で親に「500円貸して」と頼んだところ、「なんでそんなお金ないの⁉」と怒られて1万円貸してもらったそうです。

そんな彼女も次第に売れっ子になっていき、生活も安定していきました。

売れっ子になればなるほどますます予約が入るという、好循環も体験しています。

キャストの人気が伸びていくのを間近で見ていると、僕も刺激を受けます。

お金がないときでも、僕はよく呑みにいっていました。

「今週末に予約入っているからツケでいい？」

安い居酒屋に行ってはそういい、その予約が飛んだら支払いどないしよう～、と内心ビビりながら、安酒を呑んでいました。

呑まずにはいられない気分で、お金が入っても入らなくても呑んでいました。

僕はもともと社交的で、誰とでもすぐ仲よくなる性格でしたが、このころは居酒屋で会う人とのあいだに見えない線を引いていました。

性風俗店の仕事をしていることで、一般社会に対して負い目のようなものを感じていたのです。

きっと僕は受け入れてはもらえない。白い目で見られる。

そう思い「仕事はWEBの制作」といっていました。

嘘ではないのですが、自分を偽っているという後ろめたさも加わりました。

けれどやがて、古い建物に小さな飲み屋やバー、スナックがひしめき合っている〝味園ビル〟に行きつけのお店ができました。

サブカルチャーが好きな人が多い場所です。

みんな、職業もバックグラウンドもばらばら。

そのなかのお店である日、レズ風俗店を営んでいることを話すと、店主をはじめ誰もがすんなり受け入れてくれました。

それがうれしくて、そしてそこで会う人たちが面白くて、僕はそのお店に入り浸るようになります。

いわゆるノマド状態で、キャストの精算や予約の受付などもそこでしていました。

この仕事を隠さなくていいんだ、堂々としていていいんだ。

そう思えたのは、大阪にしかないこの場があったおかげです。

僕は、ウチのお店は大阪以外ではきっとできなかっただろうと思います。

おかげで、いまでは親もこの仕事を知っています。「お前も人の役に立ってんな」といってもらえるようになりました。

あの当時、後ろめたさを感じる必要はまったくありませんでした。

お店の代表である僕がそう思えば、きっとお客様にもキャストにも伝わります。

女性が性風俗店を利用するのもそこで働くのも、どこか後ろめたさを感じる人は少なくなかったと思います。

僕は、それを拭い去った先に愉しい世界があると知りました。

だからいまは、お客様とキャストの後ろめたさを少しでも減らすべく、日々努力しているのです。

それでもレズ風俗店はつづけたかった

何年もド貧乏な生活をしながら、なんでお店をやりつづけたんですか？

そう訊かれることがあります。

お店を畳んでほかの、もっと確実に利益が出せる事業をはじめる選択も、またどこかに就職して多いか少ないかはわからないけど安定した収入を得る選択も、僕にはありました。

なのに、なぜやめなかったのか。

「意地ですよ」と答えてはいますが、実は僕自身もよくわかっていません。

意地だけではあの貧乏生活を乗り越えられなかったでしょうし、そのときには今後お店が利益を出せるようになるのか否かも、まったく見えていませんでした。

いつもは照れくさくていえないことですが、僕はまだ軌道に乗っていたとはいえないこの時期でも、レズ風俗店にたしかなやり甲斐を感じていました。

お客様が喜んでくれる。

キャストが喜んでくれる。

両者をつなげてうまくマッチさせるのが、僕の喜び。

お客様にアンケートを取ると、「人生が変わった」という声も届きます。

そのときの「やっててよかった!」「まだまだやるで!」という手ごたえが、お店をつづける原動力となりました。

お店を起ち上げるときに「この世界で天下取ったるで!」みたいなアツい気持ちは僕にはありませんでした。

でも、お店を回していくうちに、たくさんの「ありがとう」が僕のところに届けられるうちに、欲が出てきました。

いまはどん底でも、いずれこの店の売上でメシを食えるようになりたい。

僕もキャストもみんなで豊かになりたい。

そのためにはもっとたくさんのお客様に来てもらって、喜んでもらって、「また来たい」と思ってもらって……。

そのためには、もっとお店に来てもらわなければ。

どうしたら知ってもらえる?

売れるためには何をすればいい?

仕掛けを思いつき、実践して、ダメだったらすぐやめる。

うまくいったら、つづける。

そんなことを考えている時間は、貧乏とか将来への不安とかを軽く相殺するほど楽しかったのです。

そうしているうちに、「10年早い」といわれてオープンさせたお店が10歳になりました。

第4章

男がレズ風俗やるってヘンですか？

男がレズ風俗店をやっているって!?

男性である僕が、レズ風俗店を創業し、経営している。

僕がこのことに疑問を持ったことはありませんでした。

起ち上げ当初はバイセクシャルの女性店長が一緒だったからではありますが、僕ひとりでお店を回すことになってからも、「これを男がやるのってヘンかな」と引っかかったことはありませんでした。

ただ、求人の電話に僕が出るとガチャリと切られることはしょっちゅうでした。

いまでは、応募者はたいていＨＰをひと通り見たうえで電話してくるので、レズっ娘クラブの代表は御坊という男性であることは織り込み済みです。

でも初期はお店のＨＰでそこまで自分自身のキャラを出していなかったので、電話に出るなり「男性が出た！」「誰!?」とびっくりされていたのでしょう。

それで僕自身がイヤな気持ちになることはなかったのですが、勇気を振り絞って応募の電話をかける女性も多いのであまり驚かせるのもどうかと思い、代わりにキャストに出てもらうこともありました。

「男なのにレズ風俗店をやってるって⁉」

この事実は、よくも悪くも人の好奇心を刺激するようです。

ときに、いらぬ誤解も招きます。

オープンして早々、わざわざ電話をかけてきて「男性がやってるって本当なの?」と訊かれたことがあります。中年男性の声でした。

後になって、声の主はミックスバー(ゲイ男性でなくても入店OKのゲイバー)のマスターだったとわかりました。面識はありません。

すでにウチのお店の噂は、そうしたバーが多くある大阪・心斎橋界隈にまで伝わっていたようで、冷やかし半分で電話してきたのだと見ています。

最初は、「はい、スタッフをやっています」とていねいに応対しましたが、すぐに「自分はどっちなん?」と絡まれ出したので、電話を切りました。

自分のバーでこの話をし、スタッフや客と酒の肴にするつもりだったのか。

真面目に問われれば答えますが、冷やかしに付き合う時間も理由も僕にはありません。

なんでこんなこと、知りもせん他人にいわれなあかんのやろ?

通話終了のボタンを押したあと、苦い後味だけが残りました。

キャストやお客様から「なんで男性がレズ風俗店をやっているんですか」「女性がやるべきでしょ」といわれたことはほとんどありません。

抵抗があるお客様はそもそもウチのお店をご利用されないでしょうし、求人に応募してきたなかには男性と働くのがイヤで、面接に行くのをやめた女性もいるでしょう。

面接のドタキャン、連絡ナシのキャンセルはよくあるのです。本当の理由は不明ですが、縁がなかった人のことを考えてもしょうがありません。

それよりも、いまウチで働いてくれているキャスト、ご利用いただいているお客様のほうがよほど大事です。

そうした人たちは「男性がやっているレズ風俗店っていやだな」とはまったく思っていない——僕はそう信じています。

特に意識しているわけではありませんが、キャストへの接し方はセクシャリティによって自然と違ってきます。

フェム系キャストには女性として接するのに対して、ボーイッシュ系のキャストとはまるで部活動の先輩後輩のようにして付き合います。名前も呼び捨て。フェム系であれば「ちゃん」「さん」を付けています。

差別ではなく自然とそうなるのですが、それで不平不満が出たことはありません。お店を起ち上げてから数年間は、お客様と飲みにいくこともたびたびありました。お店を利用しての感想や自分の知らない現場のことなどを本音で聞きたかったのです。古くからの友人のように、酒を酌み交わしたお客様もいます。

いまではお客様と会うことはありませんが、「私が好きなキャストの上司が、僕」ということへの不満や嫌悪感をぶつけられたことはありません。面と向かってはいいにくいでしょうが、「実はそう思ってんのやろな」と感じたこともありません。

お客様もキャストも〝男〟ではなく、御坊という人間と付き合ってくれているのだと思っています。

男だ女だと勝手に線を引く人たち

しかしそれは外からではわからないようです。

あるＬＧＢＴのアクティビスト団体が配信していたＹｏｕＴｕｂｅ番組で「レズっ娘クラブは男性がやってるんでしょ」と名指しで批判されたことがあります。

やってちゃ悪いのかよ！

それを見た途端、カッと頭に血が上りました。

このお店に関わっている人はまったく気にしていないのに、外部から男だ女だと線を引かれるのがたまらなくいやでした。

差別しているのは、一体どっちなんだろう。

本気でわからなくなりました。

ＬＧＢＴを取り巻く環境は現在でもなおたくさんの課題を残していますが、10年前は表立って語られないことばかりで、いまよりずっとセンシティブでした。

レズビアン女性のなかに「私たちの世界に男が土足で入ってきた！」と過敏に反応する人もいたのだと、いまならわかります。

たしかに僕は「よし、レズ風俗店をはじめよう！」と思いついた段階で、レズビアンについてもＬＧＢＴについても何も知りませんでした。

だからといって「男がやっちゃいけない」という発想はなかったのです。

〝搾取〟という語を耳にするようになっても、まったく自分と結びつきませんでした。が、ほどなくして気づいたのです。「レズ風俗店をやっている男」＝「女性の性を女性に売って、金銭的利益を得ている女性の敵」と見る人たちがいることを。

これは、搾取なのだろうか。

お店の〝あり方〟に関わる問題なので必死に考えもしましたが、僕は一度もいやがるキャストに仕事を強要したことはないし、お客様から法外なお金を巻き上げたこともありません。

安くはない値段設定ですが、それで満足いただけるサービスを提供しています。

ウチのお店に、搾取はない。胸を張っていえます。

もし搾取していたなら、僕はあそこまでの貧乏にあえぐこともなく、もうちょっとマシな暮らしができていたでしょう。

不当に巻き上げたお金で、おいしいお酒を飲めるとは思えへんけど。

ＬＧＢＴについての本を読んで、僕なりにその歴史や現在の状況を勉強もしました。

知らないままでいるよりは、知っているほうが断然いいからです。

でも「歴史的にこんなことがあった」というのは「こうしなければいけない」ということではありませんし、ＬＧＢＴの権利や生き方のために何かをするのは、きっと僕ではありません。

僕の役目は、愉しいことをしたい気持ちよくなりたいと思ってこのお店に来てくださるお客様と、ここで働きたいといってくれたキャストをつなげ、どちらにもが笑顔になってもらうこと。それだけです。

また、利用してくれているお客様にはレズビアンやバイセクシャルだけでなく、ヘテロセクシャル、いわゆるノンケの女性もいます。

追って詳しくお話ししますが2010年に起ち上げた姉妹店「レズ鑑賞クラブ ティアラ」は、男性のお客様がキャスト同士のプレイを鑑賞するお店です。

お店にとっては、すべてが等しくお客様。

それぞれの性別やセクシャリティに線を引くほうが、不自然で差別的です。

だから、僕にとってはお店のことを何も知らずただ表面的な事実だけを批判したり揶揄したりする人の声はどうでもよく、お客様とキャストの声だけが大事です。

批判は基本的にスルーすることにしています。

こうして外野からの批判はすぐ聞こえてくるのに、お客様の声が耳に届きにくいとは皮肉なものです。

ノウハウも何もないまま始めたレズ風俗店。正解があるとしたら、お客様の声にあると思った僕は、なんとかそれをすくい上げようと必死でした。

そして、ネット掲示板をチェックするのが僕の日課になります。

まだひとりのお客様もいないのに「キャストに財布のお金を抜かれた」と書かれたときから、根も葉もないことをばかりを書く〝荒らし〟は、どこからともなくわいて出てきました。

それを見つけようと毎日目を皿にしてネット上を徘徊していた僕。むしろ荒らしを心待ちにしているのではないかと思ったくらいです。

別のデリヘル店経営の先輩からは、「風俗店は掲示板で叩かれてやっと一人前」といわれたのを真に受けていた時期もありました。

感染症にかかったら、どうしよう

けれど荒らしのチェックは、どうしたって気分のいい仕事ではありません。

単純な嫌がらせや事実無根な中傷は、読む者の心をえぐります。

出禁にした元お客様、解雇した元キャスト、応募してくれたけれど不採用にした女性たちから僕への恨みごともあります。

目に余る書き込みがあれば、警察に相談していました。

ある女性は遠方に引っ越してウチを利用できなくなり、その不平不満をなぜか誹謗中傷に変換して、掲示板を荒らしていました。

警察にも介入してもらい現住所などを特定しました。

事件になる一歩手前で、直接電話で話をし、先方にも納得いただいたので、掲示板にその経緯と謝罪文を書き込んでもらいました。

荒らしにはかなりの割合で、こうした逆恨みが含まれると思います。

なのに自分の心にムチ打つようにして毎日毎日荒らしをチェックしていくと、あることないこと書かれているように見えるなかに、実際ご利用いただいているお客様、本気で利用を考えている女性の書き込みもまぎれていると気づきました。

たとえば利用前の不安や、ＨＰで提供している情報だけではわからないこと。

「問い合わせてくれればいいのに」と思うのは簡単ですが、こうした方たちにとっては僕とメールや電話でやり取りすること自体が不安だし重荷なのです。

一時期はお客様と飲みにいっていたくらいですから、僕はお客様の声に常に敏感でいるつもりでした。

が、付き合いが深まるとかえって「いいにくい」ことも出てきます。

たとえば、キャストの衛生面や性感染症対策について。

「性風俗店で病気をもらったら……」――これは、誰もが心配することでしょう。

女性同士でも粘膜が接触し、オーラルセックスをするのであれば、感染の可能性は０％ではありません。

けれどキャストには面と向かっては、いいにくいですよね。

僕が男性でなければ、女性同士の気安さで話してくれたのでしょうか。

その答えはわかりませんが、僕にできることもあります。

匿名で書き込まれたその不安を払拭するために、指名したキャストが事前に病院で感染症の検査を受け、その結果をお見せするという有料オプションを設けました。

ウチのお店ではレディースクリニックと提携してキャストはいつでも気軽に検査に行けるようになっていますが、そのうえでこうしてお客様個人に「私は大丈夫ですよ」と示す意義は大きいでしょう。

複数の女性にサービスするため、キャストには常に感染のリスクがあります。

そこで、お客様の側にも性感染症の検査をして診断書などその結果がわかるものをご提示いただければ、コース料金を値引きすることにしました。

名づけて、「検査結果割引」です。

男性向け風俗では、キャストの感染症を気にかけて定期的に病院で検査することを義務づけているところは少なからずありますが、お客様側の感染症はそれほど気にしていないように見えます。

でも双方が検査結果をオープンにすれば、お互い安心して身を委ね愉しめます。

ご利用後に余計な不安に駆られることもありません。

すべて僕が独断で決めたものではなく、掲示板に「こういうサービスがあったらどうですか?」と投稿し、そこに集う人たちと意見交換するなかで生まれたものです。

ついでに僕も保健センターで性感染症検査を受け、結果をお店のブログで公表したことがあります。

男女問わず検査を受けたことがない人は多いですから、「こういう手順で検査されるんですよ!」「怖くないですよ〜」と身をもって示そうと考えたのです。

その効果があったかなかったかは知りようもありませんが、性風俗店につきものの「病気をうつされたらどうしよう」という不安をなくす手立ては用意できました。

一時期は見るのも気が重かった掲示板は、最終的には「お客様相談室」になったのです。

直接はいいにくいことをズバズバいってもらえるので、有意義でした。

そうして僕のほうから積極的に掲示板を利用するうちに、いつしか荒らしも収まっていきました。

キャストブログは密やかな交換日記

お客様の声を求めて不定期で行っているアンケートでは、毎回びっしり書いてくれる方がいて、お店への想いを感じます。

ご要望やクレーム、すべてを採用できるわけではありませんが、お店全体にプラスになると判断すればすぐにルールを変えたり、新しいサービスを用意したり迅速に対応します。

そうすることでキャストにもその声が間接的に届いているといえます。

けれど僕は知っています。

お客様がほんとうに声を届けたいのは僕ではなくキャストで、同時にキャストの声を直接聞きたいと思っていることを。

そこで始めたのが、〝キャストブログ〟です。

HP内にブログを設け、キャストひとりひとりが発信していくのです。

２０１７年12月17日
いよいよ明日逢えるね　(*＞▽＜)/★*☆♪ゆう

こんにちは
寒い日が続いてるね
そっちはどうかな？
明日、逢えるね
時間変更ありがとう
あなたとより長く一緒に過ごせることになって
嬉しいよ
明日が、待ち遠しいね。
遠方から、こっちまで逢いにきてくれて
ありがとう。
いつも、いつも
とても感謝しているよ
前回はお誕生日、御祝いできてよかった
気を付けてね♪
明日、待ってるよ

ゆうより

プライベートな内容を投稿するキャストもいますが、多くはお客様との「交換日記」としてブログを利用しています。

予約を入れてくださったとき、予約の前日、それからふたりで会ってお見送りをした後。事務所に戻ってきたキャストに、僕が声をかけると「先にブログを書かせてください」と返ってくることがあります。

彼女らの頭のなかに浮かんでいるのは、帰りの電車でスマホをバッグから取り出すお客様の姿、そこからブログをチェックする姿です。

好きな人と付き合いはじめたころ、デートからの帰り道にメールやＬＩＮＥを送りあった経験がある人は少なくないでしょう。

ほんの少し前まで一緒にいたにもかかわらず、もう会いたくなってメッセージをやり取りする。

そんな気分でキャストはブログを書いています。

僕からそう指導したわけでも強制したわけでもなく、キャストのあいだで自然発生的に生まれた習慣です。

先にブログを紹介したゆうさんは、いまや在籍期間ナンバーワンのベテランで長らく人気キャストとして活躍していますが、入店して1年間は指名もめったに入らず、完全に伸び悩んでいました。

けれど彼女はそこで腐ることなく、日々のことや自分自身についてブログで発信をつづけました。

誰かにいわれたわけでもないのに、コツコツと。

すると気づけばお客様の目に止まるようになり、「すてきな人だな」「一度会ってみたいな」と好奇心をくすぐり、徐々に指名をいただくようになりました。

それまでにはブログで下着姿を載せたり、顔の一部をチラ見せしたりといった試行錯誤というか迷走というか、そんなことをしていた時期もあったようです。

でも、顔を出すことが必ずしもプラスにならない。言葉や内容、そしてブログを書くタイミングを考えたほうが伝わりやすい……と自分で気づいたようです。

僕はブログの内容にはほぼ口出ししませんが、お店に入ったばかりの新人キャストには、まずはブログをマメに書いてみるようアドバイスします。

そこで自分という人間を知ってもらうのです。

自分のこと、趣味、好きな食べ物、行ってみたい場所……なんでもいいから書いてみればいいのです。

ボールを投げたらそれをキャッチしてくれるお客様がいるかもしれないけれど、何も投げなければ存在自体を気づいてもらえない。

気づいてもらって、興味を持ってもらって、何度も読んでもらってはじめていただける予約もあります。

お客様からご指名をいただけないからブログを書かない、ブログを書かないからますますお客様に関心を持ってもらえない……という負のスパイラルに陥るキャストもいます。

そこでなんとか工夫してブログの更新をつづけるか、やめてしまうのか。

僕がもし女性でウチのお店を利用できるとしたら、マメにブログを書いていて近況が知れるキャストに親しみを感じます。

会った後はすぐにお礼メールを書いてくれるキャストはまた指名したくなります。

更新が止まっているキャストは、「本当に在籍しているのかな？」と思います。

支持されているキャストには理由があります。

嫉妬するお客様、困惑するキャスト

交換日記といいましたが、ブログの文章は一方通行です。明らかに自分宛に書かれたブログ記事でもコメント欄がないので、お客様は何も返せません。

かつてはコメント欄を開放していました。

お客様がコメントすればキャストがそれに応え、さらにお客様が何かを書き込んでまたキャストが返す……と無限にループしそうだったので閉鎖しました。

お話をするのは、実際に会ったときに。

さらに、コメントだけで満足してしまって実際の利用につながらないという傾向も見られました。

相手がそのメッセージを読んだかどうかがわかる〝既読〟機能に慣れてしまった現代人にはじれったいかもしれませんが、そんな甘酸っぱさも愉しみのひとつです。

ブログはキャストの努力だけでなく、〝お客様の理解〟によって成り立っています。

「ブログのお礼記事を、やめてほしいです」

ある日、そんなお願いが僕のもとに届きました。

愉しい時間を一緒に過ごしたことへのお礼記事は100％喜ばれるものと疑ったことがなかったので、何かの間違いだろうと思いました。

その方は、好きなキャストがほかのお客様に向けてお礼をいっているのを見るとつらくなってしまうのだとか。

遠くに旅行にいったり、話題のデートスポットに出かけたり、高額のプレゼントをもらっていたり、そうしたことへのお礼が書き連ねられているのを見ると、つい自分と比べてしまうのだそうです。

「私は、こんなにしてあげられない」――そんな気持ちに苛まれ、だったらお礼記事そのものを禁止にしてほしい、と考えついたようです。

お気に入りのキャストに直接、「お礼記事を書かないで」と頼み込んだお客様もいらっしゃいました。

そのキャストにとって、初めて本指名をいただいたお客様でした。もともと根が真面目だったのもあり、できるだけ応えなければと思い込み、本当にお礼記事を書くのをやめてしまいました。

結果、彼女はその後、新規の指名を獲得できなくなりました。

簡単にいえば、お客様のヤキモチです。

ウチのお店にはいろんなルールがあり、その範囲内でのワガママやヤキモチは大歓迎です！　適度なヤキモチは恋愛と同じでほどよい刺激になります。

でも、それでチャンスを逃したり仕事に行き詰まったりしたキャストは、それをうれしいとは思わないはずです。

そこが適度なヤキモチと、身勝手なヤキモチを分けるラインでしょう。

大事なことなので何度でもいいます、「キャストは運命の人ではありません」。

僕は自分のブログで何度も何度も、〝三者の信頼関係〟を呼びかけています。

お客様と、キャストと、お店（つまり僕）が信頼関係というベースの上にきれいな三角形を保っている状態こそが理想。

自分のことだけを考えて暴走し、その均衡を崩してしまえば全体がガラガラと崩れてしまい、誰も幸せではありません。

ブログは貴重なコミュニケーションツールで、キャストにとってはある意味、生命線でもあります。

その大切さをないがしろにされると、三角形がぐらぐら揺らぎます。

ほかの人に宛てたブログを「読まない」という選択肢もあることを心に留めておいてほ

しいです。

三角形のなかでの僕の役割はお客様とキャストをつなぐことですが、そのためにキャストの言い分を伝えるときもあります。

スタッフブログではお客様アンケートだけでなく、同じく不定期で「キャストアンケート」も公開しています。

お客様がキャストに知ってほしいけれど直接はいえないことがあるように、キャストからお客様へも面と向かってはいいにくいことがあるのです。

お金を直接払いたくないお客様心理

たとえば、予約時や待ち合わせ場所など。ちょっとしたボタンの掛け違えでうまく出会えないと、双方の時間のロスになります。

その分、サービス時間が短くなることもあるのです。

また、デートやプレイ内容に対して「全部おまかせ」「なんでもいい」という人もいますが、希望のイメージを伝えてもらうだけでもだいぶ違うそうです。

何をしたいかの意思表示がまったくなく、提案してもいいのか悪いのかよくわからない……というのはキャストも困ります。

「恥ずかしすぎていえない」「こんなリクエスト、引かれるのでは」という気持ちもあるのでしょうが、キャストはこれまでいろんな要望を受けているので、ちょっとぐらい変わったものでも動じません。

最初は勇気がいるでしょうけれど、そのうち慣れます。

キャストからの回答はまず僕の元に集まりますが、読んでいると、彼女たちはお客様と「一緒に」愉しい時間を過ごそうとしているのだと実感します。

お客様側には一方的に愉しませてほしいという想いもあるのかもしれませんが、どうせなら積極的になったほうが絶対に愉しいのがレズ風俗です。

キャストからお客様への「いいにくいこと」には、衛生面や安全面についての注意喚起もあります。

プレイの途中でトイレに行った後はもう一度シャワーを浴びるとか、スマホは常にきちんとバッグにしまっておくとか。どちらもマナーの範疇ですね。

特に盗撮や盗聴は、キャストが最も恐れることのひとつです。

でもお客様を疑いたくはありませんし、それによってぎくしゃくした接客をしたくもありません。

外でもホテルでも一緒にいるときにスマホをバッグに入れておいてさえいただければ、キャストはもう何も心配することもなくデートにもプレイにも集中できます。

過去に、デート中にこっそりキャストの写真を撮ろうとしたお客様がいると報告を受けたことがあります。

好きなキャストの写真がほしい気持ちはわからなくもありません。

でも、こういうことがあると、キャストはずっと隠し撮りを警戒しないといけなくなりますし、ホテルでスマホがテーブルに置いてあるだけで不安になります。

疑心暗鬼になっては、いい関係を築けません。

ほかのお客様にもそんな態度を取ってしまうかもしれません。

これも「自分のことしか考えていない」行動の典型例ですが、やはり誰も幸せにはならないのです。

このようにキャストからの声のなかには厳しいものもあります。

僕も口うるさいことばかり書いてしまいましたが、キャストアンケートにはお気に入りのホテルについて語ってもらったり、自分のチャームポイントをアピールしてもらったり、毎回いろんな内容を盛りだくさんにしてお届けしています。

ふたりでいるときの過ごし方や会話のヒントになりそうなことも、たくさん含まれていますよ。

お客様がときに暴走するのも、ピュアな思いがあるからこそ。

僕たちはそのことを忘れてはいけません。

僕なんかはつい「お客様はお客様」とドライな見方をしてしまいがちですが、お客様からすれば「風俗店に来ている」というのはできるだけ忘れたいことのようです。

ふたりは普通に出会い、ふつうに交際するようになり、デートをしてホテルに入り、いまここでベッドを共にしている……。

そう思いたいのです。

ウチのお店では基本的に、お支払はキャストに直接現金でお渡しいただくことになっています。

額が大きいので、オープンの翌年にはクレジット決済を導入してみました……が、利用者はゼロ。

風俗店でクレジットカードを使うことに対して抵抗があったのでしょうか。

提携していたクレジットカード会社が倒産したため、それ以来、現金支払オンリーでお願いしています。

ただしお泊りなど長時間のコースや長距離出張コースなど、総額が5万円以上になる場合は、あらかじめ指定口座に振り込んでいただくことになっています。

けれどコース時間が短く、総額が5万円に満たなくても、事前に料金を振り込まれる方もいます。

なぜならば、キャストに現金を渡すことで「この人はレズ風俗店のキャストさん」「私はそのお客」だという現実が見えてしまい、夢の時間にほころびができるのを避けたいからです。

前日までに振り込んでおけば、現実に引き戻されることはありません。

同じような考えで、現金をきれいなぽち袋などに入れてキャストに渡すお客様や、プレゼントのなかにさりげなく忍ばせておくお客様もいます。

そのような気が利いたことをするのはだいたい常連の方で、キャストのあいだに信頼関係ができています。

だからキャストも目の前で金額をあらためるようなことはしないそうです。

それをやってしまうと現金の生々しさに、やはり雰囲気が損なわれます。

お客様が買うのは〝すてきな時間〟

恋人気分でいるための工夫をいろんなお客様が自発的にされているのは、僕から見ると面白い現象です。

少なくとも一般的な男性向け風俗で「現金で支払うと、雰囲気が悪くなる」という話は聞いたことがないので、これはレズ風俗ならではなのかもしれません。

風俗店で女性から性サービスを受けることをよく「女性を買う」と表現します。

僕はあまり好きな言葉ではありませんが、そうとしかいいようのない態度で風俗店を利用する人もこの世の中にはいるのでしょう。

けれどウチでは、お客様は人を買っているのではなく、「好きなキャストと一緒に過ごせる時間」にお金を払っているのだと感じます。

デートコース、ビアンコースと分けてはいますが、その時間内で何をするのもお客様の自由です。

ふだんの生活のなかではイヤなこと、ストレスが溜まることもきっとあるでしょう。

でも、この時間だけはそんな日常から離れたい。

ひとりで気分転換することもできるけど、好きなキャストが隣にいてくれればもっといい。

なにげない会話を交わし、肌のぬくもりを感じ、一緒に気持ちよくなることでイヤなことを忘れ、ストレスも消えていく……。

そんな時間に価値を感じられているのだろうと思います。

好きな人においしいものを食べさせたい、というのも女性によく見られる発想なのでしょうか。

手料理の持参を希望されるお客様もいらっしゃいます。

これは男性向け風俗ではまったく見ない現象でしょう。

心づくしのお弁当を持参してドライブデート……というのもすてきなのですが、すみません！　手料理は基本的にＮＧです。

遠方からいらっしゃるお客様も多く、特に暑い時期などは食品の衛生管理もむずかしいため、キャストとお客様の健康への影響を考えて苦渋の判断をしました。

待ち合わせ前に近場でケーキを買ってホテルで一緒に食べるのはＯＫですが、食べた後はふたりとも必ず歯みがきをするルールなので、そのぶんプレイの時間が短くなります。

個人的には、食事はデートコースで済ませて、ホテルに入った後はビアンコースでしかできないプレイを愉しむことをおすすめします。

でもこれまでには、キッチンがついたホテルを予約してキャストに手料理をふるまった、という例もあります。

こんなエピソードからも僕は「女性はウチのお店で、自分が心地よくいるための時間を買っている」と実感するのです。

好きな人と過ごす時間、そこで取り戻す自分。

何人ものお客様を見ていると、いまの女性たちが必要としているのはそのような時間だと思えてなりませんが、さらにその時間が自分にとってよりよいものになるようプロデュースする力を持ち合わせた方も少なくないと見えます。

僕はそんな女性たちに、しなやかなたくましさを感じます。

第5章

すべての女性には
レズ風俗が必要！

男性に「観るだけ」のサービスを

レズ風俗店をやっていると、もともとレズものとか百合ものとかいわれる類のＡＶが好きだったと思われがちですが、それは完全な誤解です。

いわゆる、レズＡＶといわれるジャンルのことです。

人並みにＡＶは見るもののレズものには興味ナシ。見たことがないとはいいませんが、人生のなかでほんの数回目にしてきた程度です。

お店を始めて以降は、見ているとどうしても「お仕事モード」になります。

一歩引いた目線でいちゃいちゃやプレイを観察することになるので愉しむどころではありません。

でも世の中には「女性同士のプレイが見たい！」と思う男性は少なくなく、だからこそＡＶ業界でも一ジャンルを成しているわけです。

レズ風俗店やっています、と話すと、多くの男性から「一度でいいから見てみたい！」というリアクションが返ってきます。

「料金は倍額出すから」

「見るだけでいい、絶対に手は出さない」

「だから、一度でいいからナマのレズプレイを見せてくれ!!」

そんなにいうなら熱意に応えるのも悪くないと思い、2010年、モノは試しとばかりに姉妹店「レズ鑑賞クラブ ティアラ」をオープンさせました。

男性客はキャストに〝触らない、触らせない〟が絶対ルール。握手もNGです。キャスト2名とお客様とでホテルに入り、ベッドの上でくり広げられるひと通りのレズプレイを鑑賞していただきます。

ホテルは当店指定のところに限定していますが、これは相手が男性ということで、もし何かあったときに僕がすぐ駆けつけられるようにするためです。

「本当に見るだけ?」

「ちょっと触るぐらいはええやろ?」

というお問い合わせもありますが、本ッ当に見るだけです!

ベッドの脇からふたりをのぞき込むまでが、ぎりぎりOKのラインです。

キャストのカップリングはお客様がHPなどを見て「この彼女と、この子」と指名されることもありますし、特になければ僕らが相性のいい組み合わせを提案します。

キャストらがOKな範囲であれば、お客様のリクエストに応じたプレイも可能です。

長らく憧れていたナマのレズプレイ鑑賞を最大限愉しもうと、事前に詳細な台本や「こんな体位でからんで」というメモを用意してくるお客様もいるのだとか。

ふたりのレズプレイを見ながらマスターベーションするもしないもお客様の自由ですが、実際にはただ視覚的に愉しむ方が多いようです。

基本的には、プレイするふたりを尊重してくれる、紳士なお客様が多いと感じています。

HPのキャスト一覧で顔出しをしないのはレズっ娘クラブと同じですが、姉妹店では首から下のランジェリー姿を披露しています。観せるということを意識した、写真です。

ティアラをオープンしたとき、レズっ娘クラブをご利用いただいているお客様から、歓迎の声は聞かれませんでした。

いいえ、むしろ明らかに快く思っていない様子が伝わってきました。

お気に入りのキャストがプレイしている姿が男性の目に晒されることへの抵抗感なのか、男性がキャストに性的な接触をするのではないかという不安なのか。

もしくは「自分たち女性の安全な世界に、男性が入ってくる」ことへの、本能的な警戒心なのか。

ですが、僕が最初にキャストに姉妹店のオープンとそこでのサービス内容を説明し、協力を求めたとき、数人のキャストがあっさり「いいよ〜、やるよ〜」と快諾してくれました。僕が拍子抜けしたくらいです。

キャストが無理やり働かされているわけでもなければ、誰かを傷つけているわけでもない、もし男性客のルール違反があればそれを許さない……そんな姿勢が伝わったのか、徐々にそうした声もなくなっていきました。

姉妹店には応用編として、男女カップルのお客様にご利用いただく「カップルコース」もあります。

カップル+キャスト1名、もしくは2名でホテルに行き、女性はキャストと1対1のプレイ、または2対1の3Pプレイを愉しんでいただきます。

ここでも男性のお客様は、それを側で見ているだけです。

〝寝取られプレイ〟がお好きな方は、興奮必至です。

男性のお客様もはじめこそ嫉妬するらしいのですが、途中で感動し、プレイが終わるころには自分の実力不足に反省する……というところに醍醐味があるようです。

そりゃそうですよね、キャストの経験人数は一般男性を軽く上回りますから!

レズ鑑賞にこんな効果があるとは意外でした。

みんなでチャンスをモノにしたい！

一般的な男性向け風俗店で、類似の鑑賞プレイをオプションとして設けているところは、多くはありませんが存在します。

女性2名を派遣し、お客様と一緒に3Pプレイをしたり、お客様がレズプレイを鑑賞したりするそうです。

けれどそこで派遣されるキャストは、ふだん男性客にサービスをしている女性たちで、レズ風俗プレイの経験は乏しい……というか経験値ゼロの場合もあるそうです。

すると、どういうことが起きるでしょうか。

女性ふたりがベッドのうえで裸になる。ここまではいいのですが、そこから何をすればいいのかわからず時間だけが過ぎたり、お互いに照れて笑ってしまっているうちにオシマイになったりするのです。

一方でウチから派遣されるのは、日ごろから仕事でもプライベートでも女性とプレイしている女性ばかり。

そのリアリティには天と地ほどの差があります。

女性2名のなかに自分も参加して3Pプレイをしたいなら、男性向け風俗店を利用したほうが絶対にいいですが、一生に一度でも本気のレズプレイを鑑賞したい場合の答えは、鑑賞コースに特化したウチのお店一択でしょう。


少ないながらも確実な需要があったため、姉妹店の滑り出しは悪くありませんでした。

でも、さらなる集客のためには、まず世間に知ってもらわなければならない。

これはレズっ娘クラブもティアラも同じでした。

まだまだお店の売上が十分に立たず、僕が電気のない真っ暗な自宅で寝起きしていた時期のことです。宣伝にお金はかけられません。

しかし男性にアピールするのは、女性にアピールするよりも手段があります。

男性向け風俗のメディアに「こんなお店をはじめたので取材してください」と売り込んだり、メディアの担当者や広告代理店の人を集めて実際にレズ鑑賞コースを体験してもらったりしました。

これが功を奏して、某週刊誌でレズ鑑賞コースが紹介された！

さあ、お客様が殺到するでぇ！

……まではよかったのですが、そんなときにかぎってたまたまキャストの都合がつかなかったのです。誰ひとりとして、スケジュールが合いませんでした。

結局、60件近くもお問い合わせがあったのに1件も実際のご利用につながらずに終わりました。

なんともったいない！　僕たちはまだまだ零細店。

在籍してくれているキャストも少なくて、大きなチャンスがきても対応しきれずに逃してしまう。

痛いほど思い知りました。

もっともっとお店を大きく大勢のキャストに働いてもらって、みんなで一緒にチャンスをモノにしたい。

あらためて自分にそう言い聞かせた一件でした。


本格的なレズプレイ鑑賞を見せるサービスは前例がほとんどないだけに、いろいろと工夫する余地がありました。

先述したとおり、僕はレズAVは見ません。

しかし日課となったエゴサーチで「レズ風俗店」という語を検索していると、大阪のミナミで開催される「レズ風俗店をモデルにした、レズAVについて語るオフ会」なるイベントを見つけ、行かずにはいられないと思い参加しました。

後日知ったことですが、レズAV業界のなかでも関西のオフ会は有名なのだそうです。

そこでは、目からウロコの連続でした。ボロボロ落ちまくりました。

レズAVとひと言でいっても、ソフトなものとハードなものがあること、制服姿の清純系なからみが好きな人、女性同士の濃厚なディープキスが好きな人、SMプレイが好きな人……そこでアツく語られていたのは、僕がまったく知らない世界でした。

なかにはニッチなものも含まれていましたが、それだけ好みが細分化され多ジャンルにわたっていたのです。

あくまでレズAVファンの好みであって、リアルなレズビアン女性、バイセクシャル女性のセックスやプレイとは別モノです。

が、僕はだからこそ、そのニッチさに面白みを感じました。

「レズバトル」という単語も、ここで初めて知りました。

女性同士がイカせあうプレイです。

お互いが主導権を取ろうとくんずほぐれつ、受け身なんて言葉はふたりの世界に存在しない……そんな激しさが見どころです。

先輩から後輩へと伝わるノウハウ

すぐにお店にも採り入れ、「レズバトル鑑賞コース」をはじめました。

90分のガチンコ勝負、最後に勝敗を決めるのはお客様です！

オフ会で吸収したものをどんどんアウトプットしようと僕は意気込んでいました。

その甲斐あってか姉妹店の業績は少しずつ伸びていきました。

追い風を感じると働く方もいきいきして、さらにいい風を呼び込みます。

実際にプライベートでも交際しているレズビアンカップルが在籍したこともあります。

本物のカップルのナマのプレイを鑑賞できる！　とお客様のあいだではたいへんな話題となりました。


独立して以来、いろんなお店を起ち上げては失敗してきた僕ですが、いまに至るまでつづいているのはレズっ娘クラブと、そして姉妹店のティアラだけです。

レズっ娘クラブがなければティアラは生まれませんでしたが、いまとなってはティアラあってのレズっ娘クラブという面もあるのです。

現在のティアラにはお客様へのサービス以外に、もうひとつの意味合いがあります。

それは、新人への教育機能です。

求人に応募してくるなかにレズプレイの経験がない女性、または性経験もない女性もいることは先にお話ししましたが、ウチには〝講習〟がありません。

ビアンコースで何をするのか、ひと通りの手順を説明する簡単なマニュアルは用意していますが、実際に体験してみないとわからないことがあまりに多いのです。

あるとき性経験がない新人に指名が入り、「どうしよう、どうしよう」と何度もそのマニュアルを読んでいました。

彼女の周囲だけ空気がビリビリ震えていました。それほど緊張していたのです。

僕は「とにかく行ってこい!」と送り出しました。

2時間後、コースを終えて帰ってきた彼女の顔はどこかシュッとしていました。

この短時間のあいだに経験値を一足飛びに上げ、大人になったようでした。

プレイの内容は聞いていませんが、彼女はそこで紙に書かれていない多くのものをお客様とのやり取りから得たのでしょう。

マニュアルを事細かに書かないのは、こうして自分自身で感じ取ってほしいからです。

そして、何がいいかはお客様ひとりひとりによって違うため、絶対の正解がないからでもあります。

一般的な男性向け風俗でも、新人への講習がないところは多いそうです。

一連の流れを教え、あとは常連の、しかもやさしいお客様につけてその人から実地で教えてもらうところもあると聞いています。

悪い例では、講習と称してスタッフがキャストに行為を強いるケースもあるのだとか。

第6章で詳しくお話ししますが、全国的に数が少ないレズ風俗店でも悪徳店はあり、そうしたところでは講習といつわって男性スタッフがキャストに手を出すところもあるそうです。人として最低です。

ウチのお店では現在、まずティアラに在籍してレズ鑑賞コースで先輩キャストと組みレズプレイを行うことを、講習の代わりとしています。

お風呂に入ってプレイをして……という流れはどちらも同じだからです。

さらに、コースを終えて事務所に戻ったあとに先輩から新人へ「ああいう場合は、こうすればいいいよ」などのように具体的にアドバイスできますし、新人からも実感をともなった質問が出てきます。

そこで、求人に対してレズっ娘クラブに応募してきても、まずはティアラで何度か先輩と組むよう僕から提案します。

特に応募してくるのは若い女性が多いのですが、レズっ娘クラブでは若い子ほど指名につながりにくいため、ティアラで仕事をしながら経験を積むという意味合いもあります。

鑑賞されるのに抵抗があるという新人に無理強いすることはありませんが、レズ鑑賞コースでの経験は、お客様とのレズプレイにも必ず生きます。

ブレイクはある日突然、訪れた!

このように講習的なものを受けながらも、キャストは最終的に自分自身で成長していきます。

僕ひとりだけでも手狭な事務所からスタートしたお店ですが、いまはキャストが過ごしやすい空間を作るべく、広い物件に引っ越しました。

顔を合わせ会話を交わす機会を増やし、相談しやすい場を作りたかったのです。

人生相談をされることもあり、それは僕では役者不足かもしれないと思いながらも、若いキャストも多いので兄貴分として応えられる範囲で応えています。

人気のキャストは、人生相談よりも仕事の相談をしてきます。

もっとこうしたらお客様に喜んでもらえるのではないか、お客様にこんなことをいわれたんだけどお店のシステムを変えたら解決できるんじゃないか……。

僕が口を酸っぱくしていっている〝三者の信頼関係〟を、ごくごく自然に実践してくれているると感じ、思わず口元がゆるみます。

一方の僕にも、誰かに愚痴をいいたいときや、相談に乗ってもらいたいときもあります。レズ風俗店では、お客様も女性で、働くキャストも女性。

僕は昔から女性の集団にもすっとなじんでいけるタイプでしたが、それでも女性の心理を測りかねて、考えれば考えるほど袋小路に入ってしまうことがあります。

行きつけの飲み屋で愚痴をこぼすこともしょっちゅうですが、人のプライバシーに深く関わる仕事なので、外では絶対にいえない内容も多いのです。

ごくたまにですが、長年在籍していてお店の全体をよく知っているベテランキャストに電話をします。

長話につき合ってくれたり、ときには落ち込む僕を引っ張ってカラオケに連れていってくれたり。卒業したキャストが一緒に呑んでくれることもあります。

そうして騒いでいるうちに、自分が悩んでいたことを忘れるのです。

そんな夜は、キャストはただの従業員でなく、お店を一緒に作っている同志なんだとしみじみ泣けてきます。

みんなでお店を育ててきたんだ、と僕がひとり心のうちで熱い涙を流しているのはここだけの話です。

子どもの成長は早かったり遅かったりと個人差はありますが、ほとんどが確実に大きくなります。

性風俗店では遅くても大きくなればいいなどと悠長なことはいっていられません。

僕が独立後に性風俗の世界に入ろうと思ったのも、売れている店ほど結果が早く出ているというスピード感に惹かれたからです。

けれどウチのお店はゆっくり、本当に呆れるほどゆっくり成長しました。

その成長スピードに焦れてしまい、投げ出したくなる時期もありました。

ずっと月に15~20本の予約だったのが、開店6年目の2013年ごろには25本になりました。

相変わらず丸1日仕事がない日、性風俗業界でいうところの〝ボウズ〟の日もあったので、数字だけ見ると微々たる成長でしょう。

でも、お客様の信頼をコツコツと勝ち取って積み上げていくことでしか、〝レズ風俗店〟というまだ認知度の低いお店は生き残っていけないと、このころには理解できるようになりました。

けれど、転機はある日突然、訪れます。

日課のエゴサーチで、ある情報をキャッチしたのです。

それは、ピクシブというイラストや漫画がアップされるSNSに「女が女とあれこれできるお店へ行った話」が投稿されているというものでした。

調べていくうちに、漫画家の永田カビさんによる作品だとわかりました。

女が女とあれこれできるって……ほう〜、そんなお店があるんや。

まあ、どうせ関東の別のお店のことやろなあ。

リンクをクリックし、軽い気持ちで読みはじめました。

そして、気づきました。

…………これ、ウチのことですよね？

レズ風俗店やってるのは、こんな人

具体的な店名は出てきません。

どこの地域のお店なのか特定できるようなこともまったく描いてありません。

でも、予約の仕方とか、予約確認メールが届いてすぐにキャストがブログにそのお客様へのメッセージを投稿する流れとか、街中で待ち合わせをしてふたりでホテルに向かうところとか、何度読み返しても……やっぱりウチですよね?

胸の奥底からブワッとアツいものがこみあげてきました。

描かれていたのは、生きづらさを抱えたひとりの女性が自分自身の生き方を模索するなかでレズ風俗店に行き、その可能性を見出すまでの過程でした。

予約フォームの送信ボタンを押すまで何度も何度も逡巡し、自問自答し、葛藤するさま。ビアンコースを体験した後に、人生がガラリと変わりはしないけれど、生きづらかった毎日にちょっと風穴があいたという実感。

赤裸々な独白が、しかし軽妙さも感じる絵で描かれていて、その心の揺れもレズ風俗店利用後の変化もじんわりと僕のなかに入ってきました。

ピクシブでもすぐ話題沸騰になりましたが、同じように感じた人が多かったのかもしれません。

けれど僕は、このストーリーを知っていました。

ここに描かれているのは、これまでウチをご利用いただいたお客様たちのストーリーでもありました。

もちろんカビさんとは、バックグラウンドもお店に興味を持たれたきっかけも違います。というより、お客様ひとりひとり違います。

でもみなさん、葛藤を乗り越えて予約してくださり、その後に「自分が変わった」「生きやすくなった」という声をキャストや僕に届けてくださった方々です。

僕はお店のツイッターアカウントに、ピクシブのURLを明記して「うちかな?」と投稿しました。

ほどなくしてご本人から「……そうです。そちらです……」とリプライがありました。

やっぱりウチだった！

カビさんの漫画がこんなに読まれている、レズ風俗店があるっていうことを多くの人が知り、怖いところでもあやしいところでもないと伝わっている。

すべてがじわじわとうれしく、僕は街に出て誰かれともなく握手し、ありがとうといいたい気分になりました。

その後、カビさんの漫画は2016年夏に『さびしすぎてレズ風俗店に行きましたレポ』(イースト・プレス)として発売され、大ヒットしました。

そこではピクシブでの連載内容に加えて、後日談も描き下ろされていました。

同書と、その続編にあたる『一人交換日記』(小学館)のなかでカビさんは、その後も引きつづき当店をご利用いただいていたことを描かれています。

カビさんはレズ風俗店の利用をきっかけに変化していきましたが、きっとその姿に共感したり勇気をもらったり、いろんな人が背中を押されたと思います。

何を隠そう、僕もそのひとりです。

「この体験を漫画で描きたい!」とカビさんが強い決意を見せるページが同書にあるのですが、僕はそれを見て目の前でパンッと風船が割れたような衝撃を感じました。

僕も変わりたい! 変わらないと!

それまではお店をやっていくうえで完全に黒子に徹していましたが、カビさんに触発され、これからはHPやメディアで顔を出してアピールしていこうと決めました。

お店をはじめて数年間は、風俗店をやっていることをどこか後ろめたいと感じていた僕でした。

でも、僕がこんなことでどうするんだ。

これからは堂々と顔を出していこう。

「レズ風俗店をやってるのは、こんな人です!」「なんでも聞いてくださいね!」と発信していこう。

やっと決心できました。

風俗行って人生に張り合いが出た!?

かつて『風俗行ったら人生変わったｗｗｗ』（小学館）という小説がヒットしました。2ちゃんねるの書き込みに端を発した実話ベースのラブストーリーで、映画化もされました。

まずタイトルのインパクトで話題をかっさらいましたが、それは逆に「風俗なんかで人生が変わるわけがない」と思われているからでしょう。

変わったとしても、それはむしろダサくて恥ずかしいことだという〝常識〟もあると思います。昔から風俗嬢に入れあげるのは嘆かわしいこととされてきました。

でもウチのお店のお客様は、口をそろえて「人生変わった」といいます。

第1章でお話ししたとおり、お客様のなかには自分のセクシャリティがわからないことに漠とした不安を抱えている方もいます。

そんな方が女性と肌を重ね、性的な喜びを体験したことで、自分がレズビアンであることを自覚できたといいます。

それまでは自分の心をだましだましながら男性とつき合ったこともあるらしく、もうそんなことはしないと決めた途端、心と身体の荷が降りたのだとか。

ひとりで生きていかなければと肩肘張っていたけれど、「彼女がほしい」「レズビアンのお友だちもほしい」と素直に思えるようになったと教えてくれました。

周囲からも「雰囲気が変わったね」「話しかけやすくなった」といわれたそうなので、自分ひとりの思い込みではないでしょう。

次のように打ち明けてくれたお客様もいます。

「同性のキャストさんと話していて、自分がいままで〝男性からどう見られているか〟ばかりを気にしていたことに気づきました。キャストさんが〝よいとこ探し〟をしてくれるから、男性がどうとかじゃなくて自分に自信を持てるようになり、精神が安定しました」

僕ら男性が思う以上に、女性は男性からの視線にさらされて生きています。

レズ風俗店では、そんな呪縛はありません。

自分は自分のままでいていいと気づける場所であってほしいと、常々キャストらと話しています。

また別のお客様は、人生に張り合いが出たといいます。

現実的な話をすると、お気に入りのキャストと長い時間を過ごそうとすると、どうしてもお金がかかります。

でも少しでも長くふたりでいたいから、その女性はふだんの生活を見直して貯金に励むようになったそうです。

貯まったお金はすべてキャストにつぎ込むというわけではなく、お店に予約を入れたあとは、美容に行ったりまつ毛エクステのサロンに行ったり。長らく関心がなかったおしゃれにも興味を持ちはじめたといいます。

その方はふだんは仕事一途なまじめ人間で通しているそうですが、地元を離れてにぎやかな大阪に出てきて、キャストに癒やされているときのほうが〝本当の自分〟だと感じられているそうです。

レズ風俗店が、自分を解放できる場所になっているということですね。

お客様のなかには、永田カビさんのように生きづらさを抱えた女性も少なくないと、キャストから聞きます。

ふたりきりで数時間、あるいはひと晩を過ごし、肌をふれ合わせると、心がふっとほぐれる瞬間があるのでしょうか。

家庭のこと、仕事のこと、恋愛のこと、セックスのこと、セクシャリティのこと……お客様のほうから吐露してくることがよくあるそうです。

キャストは何かの専門家ではないので、答えを呈示はできません。

お客様のほうも、明確な答えは特に求めていないようです。

でも吐き出したものを受け止めてもらえば、それだけでラクになることもある。

実際、卒業後にカウンセラーになったキャストもいます。特に聞き上手なキャストとして知られていました。

変化のきっかけは、なんでもいいはずです。

レズ風俗店でなくても、別にいいのです。

でも、好きな人と過ごす時間や、肌と肌のふれ合いや、我を忘れるほどの快感によって、その人の考え方や気持ち、もっというと生き方に変化が促されることもあります。

その相手は異性かもしれないし、同性かもしれません。

そして、そこにお金が介在するかどうかもたいした問題ではないでしょう。

たとえば海外のどこかで壮大な自然遺産を見て「人生変わった!」というのはいい話だと思われるかもしれませんが、それにだってお金はかかっています。

〝きっかけ〟に優劣をつけることは、無意味です。

結果として、人生をよりよくできたモン勝ち!

それができるのが、レズ風俗店です。

だから、レズビアンでもそうでなくても、さびしすぎてもさびしくなくても、すべての女性に一度レズ風俗店を体験してほしいのです。

キャストはいつか必ず卒業します

レズ風俗店で人生が変わるのは、お客様だけではありません。

キャストも密度の濃い経験をし、変化していきます。

お店の求人に応募してくるときからアツい思いを抱えているキャストは、実はそんなにいません。

たいていは「レズビアンの友だちがほしいから」とか「好きなことをしてお金をもらえるっていいなと思って」とか、わりと気軽な理由で応募してきます。

なかには「お店のブログを見ていたら、元カノと同じ名前のキャストさんがいたから」という動機もありました。

しかし実際にはお客様のとてもとてもデリケートな部分に触れる仕事なので、働くうちにキャストにも何らかの変化が訪れます。

「女性同士だから何とかなると思っていました」

と卒業後に話してくれたキャストもいました。

すぐに自分が甘かったと気づいたそうです。

ベッドのうえのテクニックだけでなく、距離の取り方、接し方も心得ていかなければいけません。

ときにお客様は、キャストを振り回すようなこともします。

理不尽なことをされたときは僕に報告してほしいのですが、そんなワガママもお客様の何らかのサインかもしれません。

さきほどの元キャストは、次のようにいっていました。

「簡単なお仕事ではありませんよね。むしろ女性同士だからこそたいへんなこともありますし。私はいま接客業の仕事をしているのですが、このときに経験した人への接し方が、役立っている部分は確実にあります」

彼女は観察眼が養われたと話してくれました。

お客様の心情、求めていることなどを敏感に読み取り、先回りして対応していくのがキャストの仕事なので、それも道理でしょう。

在籍するのは、長い人生のうちでほんの一時です。

ひとつひとつのお仕事を楽しむだけでなく、先の人生に役立つ経験になったとしたら、僕としてもこんなにうれしいことはありません。

セクシャリティの面でも変化があるようです。

第1章でもお話ししたとおり、お客様からのリクエストが多いのは〝タチ〟のキャストです。が、もちろん〝ネコ〟を希望される方もいます。

もともとはタチだったのに、お客様から求められてネコもすることになったキャストは、はじめての経験に震えるぐらい緊張したそうです。

彼女は途中から〝リバ〟に転向しましたが、それはリクエストに応えるうちに、ネコになるのもけっこう愉しいものだと知ったから。

やってみなければわからないことが、この世界にはあるようです。

ボイ系には、プレイのときに服を脱がない人も多いそうです。

キャストからも、これまでプライベートでは脱いだことがなかった、という話をたびたび聞きます。

パートナーに〝女性〟を意識させたくないので脱がないし、触らせないのだそうです。

けれど、キャストとして働くとなるとそうはいきません。

ビアンコースは、一緒にお風呂に入るところからはじまります。

ベッドでは裸でふれ合います。

あるキャストは最初こそ「仕事だから仕方がない」と割り切っていたものの、次第に素肌の心地よさを知り、自分のなかの〝女性〟の部分を意識するようになったそうです。

身体の性と心の性の複雑な関係は本人にも詳しくはわかっていないようでしたが、人と接するうちに理屈でなく見えてくるものがあったのでしょう。

このキャストは、こうも話してくれました。

「長いあいだ自分には存在意義などないと思っていたのですが、お客様に指名されることで『必要とされている！』と思えるようになりました。こんな私を必要としてくださるんだから全力で応えたいといつも思っていました」

お客様とキャスト、立場を逆転させただけでほぼ同じことをいっているのが面白いと思います。

そうして仕事をしながら人生経験を積んでいくキャストも、いつか必ず卒業します。

いまのところ最長記録は8年ですが、在籍期間は実にまちまちで、人気があっても短期間で卒業してしまう例もこれまでたくさんありました。

悲しいことに、卒業するとお客様とは二度と会えなくなるのです。

仕事や家庭の環境が変わったり、遠方に引っ越してしまったりと理由はそれぞれですが、前向きな理由の卒業であれば快く送り出してください。

そして、いまお気に入りのキャストがいる方は、この言葉を心に刻んでください――
「いつまでもあると思うなキャストと割引」！
ウチのお店ではコース料金の割引も、期間限定でしか行っていません。
あとで「ああ、あのときに利用していれば！」と悔いても遅いのです。
同じく、永久に在籍するキャストはひとりもいません。
在籍しているうちに、会いにきてください。
予約前にどれだけ緊張しても、案ずるより産むがやすしです。

第6章

これからの
レズ風俗の話をしよう

〝ビアン娘クラブ〟はピンと来ない

ウチのお店は10年間、常に変化してきました。

それは在籍キャストが目まぐるしく入れ替わるからでもあり、僕が〝即ルール改正〟をモットーとしているからでもあります。

そしてそれ以上に、LGBTを取り巻く空気が大きく変わってきたからというのも忘れてはなりません。

僕はLGBTについて何か言及するほどその世界を知っているわけでもなく、変えるべく何らかのアクションを起こしたこともありません。

ただレズ風俗店の代表として、お客様とキャストとがっつり向き合い両者をつなげる仕事をしているだけです。

でも、ときたまその手を休めて顔を上げると、フッと風が頬をなでていくのを感じます。

この界隈の風通し、少しよくなったんやないのかな……そんな気がします。

その裏には、声をあげアクションを起こした多くの当事者がいるのでしょう。

たしかに、いまなお偏見も多く、その権利も十分に守られているとはいえません。そのくらいのことは僕にもわかります。

まだまだ道半ばだとは思いますが、でも、10年前は「LGBT」という語すら知らない人がほとんどでした。僕も、知らない側でした。

けれどいまでは、ほとんどの人がこの語の意味するところを、なんとなくでも知るようになりました。

この10年間に思いを馳せると、僕がLGBTについてよく知らなかったからこそできたことも多くあります。

たとえば〝レズっ娘クラブ〟という店名。

〝レズ〟は蔑称だというのは、これまで何度も人から聞かされてきました。

「知らなくて、こんな店名をつけてしまったのだろう」と親切心から教えてくれる人もいましたし、声に非難のニュアンスを込める人もいました。

当事者の女性が自分で「レズ」というのはいいけれど、誰かがそれを当事者にいったり、公的な場で使ったりするのはよろしくないのだそうです。

もし、女性が女性に性サービスする風俗店を起ち上げたのが、この本を書いている2018年だとしたら、僕は「レズっ娘クラブ」という店名を付けなかったかもしれないし、レズ風俗店という語は避けた……かもしれません。

少なくとも店名を決める前にもっと検討したとは思います。

そうしたら〝ビアン風俗〟となったのでしょうか。

お店の名前は〝ビアン娘クラブ〟？

それもちょっとピンと来ませんね。まるで別のお店みたいです。

僕の考えでは、レズビアンでもビアンでもレズでも、呼び方はなんでもいいのです。

そこに悪意がなく、差別としていっているのでなければ、それは蔑称にならない。

ウチのお店は、やはり〝レズ風俗店〟が最もしっくり来ます。

この店名にしたことに悔いはありません。

それは、次のような理由があるからです。

ウチのお店は、レズビアン女性だけでなくバイセクシャルの女性にもヘテロセクシャルの女性にもご利用いただいています。もっというなら「自分のセクシャリティがわからない」という方も、お客様です。

女性であれば、そのセクシャリティはまったく問いません。

レズビアン当事者以外の人にも門戸を広く開いておきたくて、「当事者が使う用語」でないほうがいいという考えが僕のなかにはあります。

さらにレズという語は、男性向けのＡＶでは、〝女性同士の絡みを見せるジャンル〟を指す語として早くから定着していました。

そのジャンルにおいて、絡みを見せる女性のセクシャリティは問われません。

これは、レズAVファンのオフ会に参加したときに教えてもらったことで、僕は思わず膝を打ちました。

セクシャリティは関係なく、女性と女性が絡んで性的な喜びを得る……それを〝レズ〟というのなら、レズ風俗店というのもレズっ娘クラブという店名も僕らにぴったりではないか！

ＬＧＢＴについて考えるとき、〝多様性〟という概念は外せません。

女性と女性の関係を表すにも、いろんな呼び方があっていいように思います。

僕らがそう呼んでほしいのだから、レズ風俗店、レズっ娘クラブがベストです。

さびしすぎなくても、来てほしい

ＬＧＢＴについては多くの人がいろんな場で語り、考え、僕らもそのことをニュースや情報メディアでも日々、見聞きするようになりました。

それまではなんとなく日陰の存在であり、異性愛者でないということを隠し通さなければばならないものだと思われていましたが、それが変わったのは、僕の体感では5、6年前のことです。

オープン当初は、レズビアン・コミュニティのあいだでよくオフ会が開かれていたことは先述しました。

同じセクシャリティの人同士が知り合ったり語り合ったり、ときに出会ったりするための場として、重宝されていたのでしょう。

ならばと思って開催したお店主催のオフ会では必ず誰かと誰かが個人的につながってしまい苦労の連続でしたが、それもあの時代ならではだったのだと少ししんみりすることもあります。

現在は直接合わなくてもSNSなどで情報交換をしたり、相談に乗ってもらったりできるようになりました。

だからもし僕らがオフ会をやるとしたら雰囲気はぜんぜん違ったものになる可能性があります。

現在は、お客様もキャストも各種の情報にアクセスしやすくなりました。

レズ風俗店とは何かを自分で調べてウチのお店にたどり着く人、働こうとする人……自分の目的をはっきりさせたうえで、利用するお客様が増えたと感じます。

いま〝目的〟といいましたが、それはなんでもいいのです。ただ人肌に触れたいだけでも、欲望を満たすためでも、自分のセクシャリティを探すためでも、さびしすぎる心を埋めるためでも。

かつてはLGBTとしての考えを熱く語ってくれるキャストもいました。

それが悪いとはいいません。

でも、お客様の多くはLGBTについて議論したくてお店を利用されているわけではありません。

お客様がそれを求めるのなら、ふたりでそうしたことについてみっちり話し合うのも、ひとつの過ごし方でしょうけれど、そうでないのならお客様の心身を気持ちよくするために心を砕くべきです。

どうしたらお客様にご満足いただけるかを考えるのが、彼女のお仕事なのですから。

いまふり返ると、そのキャストはほかにそうした話をする場も耳を傾けてくれる人もおらず、お店にそれを求めていたようにも思います。

彼女は短期間で辞めてしまいましたが、その後、どこかでそんな場所を見つけられたのでしょうか。気になります。

いま在籍しているキャストを見ると「LGBTの一員として、レズビアンとして働いています！」という感じはありません。

それよりも、ただひとりの人間としてレズ風俗店で仕事をしているという雰囲気が伝わってきます。

レズ風俗店で働いているからといって、「LGBTとは」「レズビアンとは」と考えなければいけないということはないです。

周りからそれを過度に期待されることもあってはならないと僕は思います。

LGBTを、というよりレズビアン女性を取り巻く環境の変化について、あいなちゃんというキャストは卒業後に、

「私、いまだったらあんなに告白されないと思う」

と語っていました。

これまでもたびたび登場しましたが、彼女には〝告白される率ナンバーワン〟という異名があります。

そんな彼女がいうには、当時のお客様にはひとりで悩んでいる方が多かったそうです。

周囲に理解がなく、自分のセクシャリティはおくびにも出してはいけないもの。

カミングアウトしていないため家族や友人に対してもどこか後ろめたさがあり、胸を開

いて話せない。

そんななか、あいなちゃんだけが話を聞いてくれる。

否定せず、ただ受け止めてくれる。

だから一緒にいるとすごく気持ちがラクになる。

もっと一緒にいられたらいいのに……。

そして、キャストのあいなちゃんとしてではなく、ひとりの女性として彼女のことを好きになり、告白し、交際を申し込んでしまうのです。

それだけLGBTの世界が閉じていたことの表れだと、彼女は解釈していました。たしかにそれは一理あると思います。

どのセクシャリティでも否定せずに受け入れてくれる社会であれば、〝告白禁止〟のルールを破ってまでアタックする切実さはなかったかもしれません。

ただ、そのころと比べると少しは風通しがよくなった現在でも、あいなちゃんは告白されつづけたと僕は思います。

けれどもそれは、「話し相手がほしい」「自分のことをわかってほしい」という思いからではなく、ただ純粋に彼女の魅力に惹かれたからという理由に変わっているでしょう。

それだけ彼女の包容力のレベルも聞き上手のレベルも高かったのです。

レズ風俗の悪質店にだまされないで

永田カビさんの『さびしすぎて～』も出版されるのがもう数年早ければ、受け止められ方が違っていたのではないかと考えるときがあります。

女性が赤裸々に語るにはどちらの要素もタブー感がありすぎて、LGBTという語が一般的になる以前なら、単なるイロモノとして扱われた可能性もあります。

「レズ」で、「風俗」。

女性にも性欲があり、女性を好きな女性もいて、女性が風俗店を利用することもある……と少しは知られるようになってきたからこそ、ただセンセーショナルな作品として扱われるのではなく、〝さびしすぎて〟の部分に目を向けられたのでしょう。

それでもLGBTや性風俗を利用する女性に対する偏見は、悲しいかな、今後もまだまだ根強く残るに違いありません。

それに対して声を上げる人がいて、アクションを起こす人がいて、理不尽なことがあればNOという人がいて、そうして社会が変わっていけば3年後、5年後にはもっと生きやすくなる。

そうなったあかつきには、もしかするとレズビアンでもバイセクシャルでもヘテロセクシャルでも関係なく、女性たちが、

「今週末、レズ風俗店行ってみようと思って」

「え〜、いいな。私も予約しようかな」

「どこかいいお店、知ってる？」

のように会話をする日が来るかもしれません。

美容院やエステに行くような感覚で、レズ風俗店を利用するのです。

僕はそんな日を、つい夢見てしまいます。

でも荒唐無稽な夢ではないはず、です。


僕のリサーチでは、２００７年には全国でレズ風俗店が片手で足りるほどの数しかありませんでした。

現在は数を増やし、メディアで紹介されることも増えています。得意のエゴサーチできっちり確認しています。

なかには「あのレズ風俗店漫画で話題の！」という触れ込みでちゃっかりメディア出演している別の店舗もあり、あっけに取られます。

いや、あの漫画の舞台となったのは、ウチなんですが……。

個人的には不愉快ですが、それ以上に許せない〝悪質店〟も登場しているようです。女性にサービスする人員として女性キャストを求人しているにもかかわらず、女性が面接をして働くことを決めると、そのお店は実態がありませんでした……とわかることがあります。

つまり、〝ダミー店〟だったのです。

そうした店では採用されたキャストが「いま、女性のお客さんがいないから」などと強引にいいくるめられ、系列の男性向け風俗店に回されるのだとか。

そして、男性客への性サービスを強いられるのだそうです。

だいたいの場合、「女性客がいない」というのがそもそも嘘。

最初から男性向け風俗店で働かせるのが目的。

それなのに「うちのお店にはレズビアンコースがある」と騙《かた》っている場合がほとんどのようです。

ダミー店のＨＰまで用意しているのだから、あきれます。

たとえ本当に女性客がいないのだとしても、なぜそこで男性の相手をしなければならないのか。

前述しましたが、〝講習〟と称して男性スタッフの相手をさせられるというお店もあるといいます。

男性を受け付けないタイプの女性だとしたら、いえ、その女性がバイセクシャルでもヘテロセクシャルでも、騙して男性にサービスをさせるのは完全にアウトです。

それは、まぎれもない性暴力です。

ほかにも、レズ風俗店のキャストとして撮影したプロフィール写真が、男性向け風俗店にも掲載されていたというケース。

レズ風俗店といいながら、キャストに街中で女性に声をかけさせ客として店に連れてこいと〝客引き〟までさせるケース。

そんなひどい話を耳にし、被害に遭った女性の心中を想像すると苦しくなるとともに、そんなふうに女性を〝使おう〟とする男性に心底腹が立ちます。

レズ風俗のお仕事をしたいと思っただけなのに、そんなおそろしい目に遭っていいわけがありません。

女性を騙すために〝レズ風俗店〟という語が都合よく使われているのも許しがたいことです。

一朝一夕で築けない信頼関係を！

ウチのＨＰでは求人欄を開いてすぐ目に付くところに、「お客様は全て女性なので安心・安全♪」と掲載しています。

何も知らない人が見ればなぜこんな当たり前のことをいうんだと不思議に思われるでしょうが、わざわざ載せているのにはこんな背景があったのです。

利用者からもこんな話を聞きます。

レズ風俗店を利用しようと思い、お店のＨＰにあるたくさんの女性の写真を見ながら指名したところ、「この子はいません」「この子もダメです」と実在していない女性ばかりだったそうです。

きっとそのお店は実態がなく、ＨＰだけ用意されていたのでしょう。

こんな目に遭えば、二度とレズ風俗店を利用したいとは思わないでしょう。

〝レズ風俗店〟そのものの信頼を大きく損なうようなエピソードばかりで、悲しくなります。

こんなお店があるかぎり、レズ風俗店＝あやしい、こわいというイメージはいつまでも払拭されないし、求めている人も利用をためらうに違いありません。

僕が顔も経歴もすべてをさらして「こんな人がレズ風俗店やってます!」と発信しはじめたのも、レズ風俗店という業界自体への不信感を減らしたかったというのが理由のひとつです。

ウチのお店では、キャストのブログにしても、利用後にお客様から寄せられるレビューにしても、いずれもガチで書かれたものなので、リアルに存在するキャストだと伝わるはずです。

あんなに熱のこもった長文のレビュー、サクラにはそう書けませんからね!

レズ風俗店はまだ数も少なく、業界全体でルールができていないため、こうして悪用されたり、おかしなお店が紛れ込んだりするのでしょう。

前例がないことをやっているという自覚はあります。

であれば、僕たちが前例を作ればいい。

女性が女性に性サービスをして一緒に気持ちよくなるお店。

肉体だけでなく、心も気持ちよくするお店。

誰も傷つかずに利用できるし働ける、そんなお店。

これが「当たり前」だと思われるような仕組み作りが、いま求められていると感じます。

それには一にも二にも、信頼関係！　というのが僕の考えです。

ウチのお店では、予約時間の直前にキャンセルされた場合、キャンセル料をいただくことになっています。

お客様にドタキャンされると、スケジュールをあけておいたキャストの時間がぽっかり空いてしまうからです。

致し方ない理由でドタキャンされるお客様もそのことを理解いただいているため、指定の口座にきちんと入金があります。

いま、当然のことのようにさらっと書きましたが、実はスゴイことなのです。

男性向け風俗ではキャンセル料を明記していても払われないことがほとんどです。そのことに対して罪悪感もありません。

なのになぜ、ウチではお客様が支払うのか。

好きなキャストに嫌われたくないという心理もあるかもしれません。

スタッフブログを見ている方なら、これまで重大なルール違反をしたお客様が何人も出禁になったことをご存知で、そうはなりたくないという気持ちもあるでしょう。出禁になったら、キャストに二度と会えなくなりますから。

でも最大の理由は、お客様とキャストとお店とのベースに〝三者の信頼関係〟が成り立っているからだと僕は思います。

三者はとても距離が近く、通常の風俗店ではありえないほどの量のコミュニケーションを日常的に交わし合っています。

これは一朝一夕で築けるものではありません。

その関係性ができていないのにただお店を大きくしようとしたり、メディアに出ようとしたりしていた時期が僕にもありました。

キャストに思うように稼がせてあげられないことに焦れていたのです。

でも、その遠回りは無駄ではなかった。

時間をかけて信頼関係を築いてきた意味は、大きいです。

ネイルやエステ感覚で、レズ風俗店！

そんな現状を受けて、ウチでは数年前から「レズノミクス」を唱えてきました。

２０１７年５月に開催した10周年記念イベントのタイトルでもあるのですが、僕はこの言葉にウチのお店をさらに成長させようという決意を込めています。

まずは、たくさんのお客様にご利用いただいて、キャストも楽しく接客ができ、さらに収入も増えること。

お小遣い稼ぎとしてではなく本業の収入の倍以上、稼げるようになってほしいと本気で思ってます。

閑古鳥が鳴くばかりだったオープン数週間で完全予約制に変更しましたが、2018年からついに「当日予約」の対応もはじめました。

キャストがあいている日時を公開し、その日であれば当日でもご予約いただけるという新システムです。

男性向け風俗店でも予約する人はしますが、そうではなく、ふと「今日はそんな気分」となったときに、電話1本、ネット予約ひとつで指名し、気軽に利用する人が多いのです。

それだけキャストの数がいるからこそ、できることです。

なんでもかんでも男性向け風俗のマネをしたいわけではありませんが、女性にも「今日はそんな気分」と人肌が恋しくなるときはあるでしょう。

女性のお友だち同士で飲みに行ったあとに、なんとなく欲求を解放したくなるときもあるでしょう。

そんなときに気軽にご利用いただければいいな。

思い立ったときに、気持ちよくなってもらえたらいいな。

一度ご利用されたあとは、友だち同士で報告会や反省会なんかを開いて体験をシェアしてくれたらいいな……。

そんな思いではじめました。

何日も前から予約をして当日を指折り数えて待つのも愉しいひと時ですが、ふとキャストに会いたくなったとき、気持ちいい体験をしたくなったときに、気軽にすぐ利用できるというシステムがあってもいいじゃないか！

そうすることで女性にとっても〝気持ちよくなること〟がもっともっと日常的なものになっていけば、結果オーライです。

仕事帰りにネイルをチェンジする、ひとりカラオケに行く。

それと同じ感覚で、肌のふれあいで気分転換をする女性が増えますように。

キャストにとっても「遊びにいく予定だったけど友だちが風邪でキャンセルしてきたから、急にヒマになっちゃった」時間とか、仕事終わりのひまを持て余している時間とかに当日予約を受け入れられれば、有意義な時間を過ごせそうです。

現状では、キャストのスケジュールにお客様が合わせる形になっています。

一度会ってみたいキャストがいても、仕事や家庭の都合でどうしてもその出勤スケジュールに合わせることができない方もいると思います。

キャストがたっぷり稼げるようになれば出勤可能日時が増えますし、結果的にお客様の時間的な選択肢にも幅が出ます。

そのためにも、みんなで一緒に稼ぐでぇ！

という思いを込めて「レズノミクス」を打ち出しました。

僕たちの「レズノミクス宣言」！

ついでですが、僕も稼ぎたい。

というより、お店を大きくしたい。

そしていまこそいいたい、今後の目標は「東京進出」！

東京にお店を構えれば、東日本の人にも利用してもらいやすくなります。

遠路はるばる遊びにきてくださるお客様は少なくありませんが、現状では東北や北海道から大阪まで遠征してもらうのは、かなり大変です。

でも東京にお店があれば、より足を運びやすくなるでしょう。

そうすることで、悪質店に引っかかる人を減らしたいのです。

ひどいお店を利用して不快な思いをする人も、働きたいという気持ちにつけ込まれる人も減らしたい。

そのためには、ウチらが東京に行くしかないやろなぁ。

いま、強くそう思っています。

東京のお客様、東京に来てくれるお客様とはまたイチから関係性を築くことになるでしょう。

そんな手間を省いて、まるでスーパーの店頭にきれいな果物を並べておくようにキャストのプロフィールをＨＰに掲載し、お客様に勝手に選んでもらってあとは事務的に処理するだけ……という方法もあると思います。

ほとんどの男性向け性風俗店はそうしていますし、数の少ないレズ風俗店のなかにもそうしたところはあるようです。

でも、それでお客様が利用する前に感じる不安は減るやろか。

物理的な快感はそれでも得られるかもしれないけど、それ以上の満足感を提供できるやろうか。

たとえば、帰り道にそのキャストのことが気になってブログを見に行くような気持ち。

デートコースで、自分がどこに行きたいよりも先に「キャストの喜ぶ顔がみたい」と考えてしまう想い。

「気持ちよくなりたい」と思うことは悪いことじゃないんだという気づき。

こうしたものは僕らが直接お客様に提供できるものではありません。

お客様がご自身で気づいたり発見したりすることです。

でもそのための材料、たとえばキャストとお客様の橋渡しとなるブログや、はじめてのお客様の参考にもなるキャストレビューを用意するのは僕の仕事です。

ウチのお店が最初から大盛況でお客様が引きも切らない状態だったら、こうしたシステムはできていなかったでしょう。

ド貧乏生活は本当につらかったけど、遠回りしたからこそ得られた〝レズ風俗店〟の愉しみ方を、新しいお客様にも還元していけると信じています。

社会貢献というと口幅ったいですが、レズ風俗店の未来を明るくしたい！

みんなでハッピーになりたい！

これがレズノミクスです。

おわりに

〝ａｌｌｙ《アライ》〟という言葉をご存知でしょうか？

直訳すると「味方」という意味で、主にＬＧＢＴの社会運動の支援をする異性愛者（ストレート、ノンケ）の人々を指す言葉だそうです。

〝ストレートアライ〟などのようにして使います。


レズっ娘クラブと姉妹店のティアラはこれまでお客様、キャスト、スタッフ以外の第三者の方にも支えられてきました。

そのなかでも特にお世話になった、ａｌｌｙさんを最後にご紹介したいと思います。

本名がアライだからａｌｌｙさん。スタッフブログにも非常勤スタッフとしてたびたび登場しております。


ａｌｌｙさんは、僕が家賃を滞納して大家さんから事務所を追い出されたときに、急遽、自分の事務所を間借りさせてくれた社長で、元は以前勤めていたＷＥＢ制作会社のお客様でした。

当時のａｌｌｙさんは普段は別のお仕事をされていて羽振りもよく、お金のない僕を飲みに連れていってくれたり、生活費を貸してくれたりして、一番しんどかった時期のお店と自分を支えてくれました。

年齢は倍以上も離れていましたが、親子というよりも古くからの親友のようにバカ話ができる、人生の先輩でした。事務所は間借りしていましたが、お店の売上や業務に関しては別々だったので、いつもすぐ側で見守ってくれ、ウチのお店の景気がよくなると、自分のことのように喜んでくれました。

まさに「支援」してもらっていたと感じています。

その後、僕らが自分たちで事務所を構えるべく移転したときもいろいろと助けてくれました。それから数年後、ａｌｌｙさんは別の事業のトラブルで数百万円を持ち逃げされたり、それをきっかけに体調を崩されたり、そこからさらに大きな病にかかって入院したりして、どんどん景気も体調も悪くなっていってしまいました。

一方の僕は徐々にお店の売上が伸びていったころなので今度は僕の番だと、あるときから逆に支援する側になっていました。

しかしその後もａｌｌｙさんは入退院をくり返し、事務所にもほとんど顔を出さなくなりました。

最後に会ったのは、ちょうど永田カビさんの『さびしすぎてレズ風俗に行きましたレポ』が単行本化したころで、そのことを報告したときのうれしそうな顔を僕はいまもよく覚えています。

去年、息子さんから連絡があり、ａｌｌｙさんがお亡くなりになったと聞きました。

ａｌｌｙさんをはじめ、貧乏時代にツケで飲ませてくれた飲み屋のマスター、風俗の後ろめたさをなくして居場所を作ってくれた「深夜喫茶銭ゲバ」のムヤニーさん、心の支えにもなっている、大人になってからできた大親友のビロくんと金原みわさん、僕がメディアに顔出しするきっかけを作ってくれた牧村朝子さん、レズ風俗という業界を世の中に紹介してくれた永田カビさん——ウチのお店はたくさんのａｌｌｙ（味方）に支えられてきました。

この本を手に取っただれかのａｌｌｙ（味方）になれたらいいなと思います。

２０１８年２月
御坊

スペシャルサンクス

allyさん
牧村朝子さん
金原みわさん（MOB）
ビロくん（MOB）
ムヤニーさん（深夜喫茶銭ゲバ）
リシュウさん（味園マンティコア、赤犬）
デミさん
たけさん
あまみさん
おだ犬さん
よいまつりちゃん
天野宇空さん
居酒屋まいど!!の大将
MUNEさん（ハードコアチョコレート）
みちさん（ハードコアチョコレート）
尾崎テロルさん（テロファクトリー）
ヒデキ社長（大阪貧乳倶楽部）
ロフトプラスワンWESTのみなさん
なんば紅鶴の皆さん
レズコムの皆さん
在籍キャスト、元キャストの皆さん
当店を支えてくれたお客様

御坊　おぼう

1981年に大阪生まれ、大阪育ち。大学卒業後、ＷＥＢ制作会社に就職するも、24歳で独立。当時取引先に多かった性風俗産業に魅力を感じ、2007年に共同経営者２名とともにレズ風俗「レズっ娘クラブ」を起ち上げる。2009年以降は単独で経営。2010年にはレズ鑑賞サービスを提供する姉妹店「ティアラ」をオープンさせる。同店の宣伝も兼ね、関西におけるトークイベントの殿堂たる「ロフトプラスワンWEST」「なんば紅鶴」などへの出演多数。珍スポット旅好きユニット「MOB」にも所属。本人はノンケ男子。

すべての女性には
レズ風俗が必要なのかもしれない。

2018年２月26日 第１版第１刷発行

著　者　　御坊

発行者　　玉越直人

発行所　　WAVE出版
〒102-0074　東京都千代田区九段南3-9-12
TEL 03-3261-3713　FAX 03-3261-3823
振替 00100-7-366376
E-mail: info@wave-publishers.co.jp
http://www.wave-publishers.co.jp

印刷・製本　中央精版印刷

NDC916 191p　19cm
ISBN978-4-86621-125-1

WAVE出版のおすすめ本

私、いつまで産めますか？
卵子のプロと考えるウミドキと凍結保存

香川則子 著

ISBN 9784872907155

夢を追いキャリアを積みあげた30代後半に卵子の老化がスタート。少子化時代、7人に1人が不妊で悩んでいる現実。そんななかで自分（特にリミットが近い女性）は将来の“産む"のために何ができるのでしょうか？——そんなギモンを卵子のプロに教えてもらうのが本書です。——今話題の卵子凍結保存もその一手段として理解することができます。「卵子凍結保存」とは未受精卵を凍結させ、将来の妊娠に備えること。

失職女子。
私がリストラされてから、生活保護を受給するまで

大和 彩 著

ISBN 9784872907070

突然、会社をクビになった！

私、ホームレスになるかもしれない。

転職活動をスタートするが100社連続不採用……。

失業保険がおりないという事実を前に呆然としながらも、貯金も底をつき、家賃も公共料金も払えない。いよいよ進退窮まった。

明日はわたしかも！

だれももっている貧困という可能性。